少額から
始められる！

儲かる！
空き家・古家
不動産投資入門

収益不動産経営コンサルタント
三木章裕
全国古家再生推進協議会理事長
大熊重之

Bought a vacant house,
make money in real estate investment!

フォレスト出版

空き家・古家不動産投資はリフォームが鍵！

場所：兵庫県芦屋市
土地：41.68 平米
購入金額：220 万円／リフォーム金額：150 万円
家賃：6 万円（月額）／利回り：19.45%

●ビフォー

●アフター

場所：京都府宇治市大久保
土地：40.15 平米
購入金額：120 万円／リフォーム金額：320 万円
家賃：5 万 2000 円（月額）／利回り：14.2%

●ビフォー

●アフター

場所：京都府宇治市南堀池
土地：43.03 平米
購入金額：200 万円／リフォーム金額：250 万円
家賃：6 万円（月額）／利回り：16%

●ビフォー

●アフター

場所：埼玉県さいたま市見沼区
土地：49 平米
購入金額：350 万円／リフォーム金額：240 万円
家賃：7 万円（月額）／利回り：14%

● ビフォー（暗い印象の壁）

● アフター

古家でよく見かける砂壁、聚楽（じゅらく）壁、綿壁などは、古くなり清潔感がなく暗い印象を受けます。土壁は意外とフラットではないので、手間も費用もかかります。そんな時には塗装（オリジナルの塗料）を行う方法もあり、壁に清潔感をもたらします。

場所：埼玉県所沢市
土地：37 平米
購入金額：250 万円／リフォーム金額：320 万円
家賃：6 万円（月額）／利回り：13%

● ビフォー（板壁）

● アフター（白と紺でメリハリをつける）

壁のリフォームは、塗り替えるだけでまったく印象が変わり、白系色を基調にするか、黒系色を基調にするかで部屋の装いが変わってきます。特に白系色にする場合、アクセントとして一部色を変えることにより、よりシックな感じに変わります。

場所：東京都葛飾区
土地：39 平米
購入金額：650 万円／リフォーム金額：150 万円
家賃：8 万 4000 円（月額）／利回り：13%

●ビフォー（汚れた白壁）　●アフター（壁に模様を描く）

パターンにとらわれず、それぞれの物件に合わせてデザインできるのが塗装の面白いところです。

場所：埼玉県春日部市新宿新田
土地：100 平米
購入金額：250 万円／リフォーム金額：480 万円
家賃：7 万 3000 円（月額）／利回り：12%

●ビフォー（使いづらい間取り）　●アフター（キッチン側とつなげてLDK化）

古家は生活しにくい間取りが多く、そんな時は部屋をぶち抜き広い間取りにすることができるのも古家再生の技です。現状の間取りを生かし、新たに新設します。古家は間取り変更もしやすく鉄筋がないため、費用も抑えることができます。

場所：京都府宇治市南浦
土地：22.99 平米
購入金額：70 万円／リフォーム金額 290 万円
家賃：4 万 8000 円（月額）／利回り：16%

●ビフォー

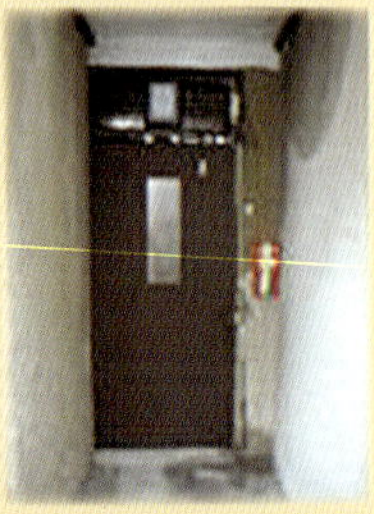

●アフター

場所：大阪府守口市
土地：47.23 平米
購入金額：230 万円／リフォーム金額：181 万円
家賃：5 万 8000 円（月額）／利回り：16.9%

●ビフォー

●アフター

築古アパートを民泊再生。6戸のアパートを3戸のテラスハウスに！

場所：京都市東山区
土地：194.22 平米
購入金額：1000 万円／リフォーム金額 1490 万円
民泊仕様にかかった金額：220 万円（消防設備費用、3部屋分家具備品等）
利回り：24%

● ビフォー＆工事の様子（柱を残しほとんどスケルトン状態）

● アフター

はじめに

私は、この本が出版される2年前の2015年、『空き家を買って、不動産投資で儲《もう》ける！』という本を出版しました。

おかげさまで、不動産投資という業界ではめずらしい2万部を超えるヒット本となり、アマゾンレビューも150件を超える大反響をいただきました。前著では、普通のサラリーマンや主婦でも無借金で億を超える資産をつくれるというお話を書きました。

その中の不動産投資手法の1つとして話の中心に紹介したのが、両親から引き継いだ古家や全国ですごい勢いで増え続ける空き家を再生投資して、資産形成する「空き家・古家再生投資法」でした。

出版後、全国の空き家増大問題が当たり前のように新聞やニュースでも見られるようになり、さらに、アベノミクスの異次元の金融緩和政策で不動産投資が一躍注目されるようになりました。

この2つのトレンドが相まって、私が顧問をしている、一般社団法人全国古家再生推進協議会（以下、全古協）では、驚異的な数字を叩き出しました。会員登録数が1500名を超え、空き家・古家再生物件は300件を超える数となり、250人を超える不動産投資家を生み出しました。空き家や古家を2、3軒再生すれば、新聞やメディアに取り上げられる時代に、この量は圧倒的で注目の組織になりました。

今回の本、『儲かる！　空き家・古家不動産投資入門』では、私の本の続編というよりは、あまりの注目度にスピンオフしてしまった、空き家・古家の再生投資を「実践的に」つづった内容です。

取り上げられている不動産投資法は、とてもシンプルかつ簡単で、最近の不動産投資本から見ると「これで大丈夫なの？」と思ってしまうかもしれません。

しかし、商売でも何でも、シンプルで単純でどんぶり勘定でできるものが一番儲かる商売なのです。

緻密《ちみつ》に企画、計算されるようになったらそれは成熟してしまった証拠です。そうなると、洗練したプロたちの世界になってしまいます。素人の皆さんが参入すべき場所ではありません。

いろいろなことで不動産業者並みの知識を求められ、まるでファンドマネジャーのように、投資に対する緻密な計算をしなければいけないところは、もう皆さんの目指すところではありません。

空き家・古家不動産投資は、不動産投資の原点のようなビジネスモデルです。

そのため初心者の皆さんでも参入しやすく、そこからいろいろと学んで熟練していくことができます。不動産投資を経験し熟練すれば、空き家・古家不動産投資にこだわらず、あなたの不動産投資スタイルを見つければいいのです。

古来、茶道や武道では、個人の修行レベルを「守破離」の3段階に分けていました。

「守」……初心者とし忠実に師匠の教えを守り、基本を忠実に繰り返す時期。

「破」……熟練して基本の形を自分なりにアレンジする時期。

「離」……まったく独自に自由自在に自分のオリジナルで進んでいく時期。

あなたもこの本から基本を学びそしてアレンジして、最後には独自の不動産投資・不動産経営のスタイルを生み出してほしいと思います。

この本を読んで空き家・古家不動産投資を学んだならば、

「守」……いろいろ考えることはあるがとにかく真似る！

「破」……全体像がわかってきて、あなたなりの独自性を付加する！

「離」……あなたらしい生き方やライフスタイルに合わせて、楽しみながら自由に進める！

不動産投資は、楽しめないとお金だけで追いかけると嫌になってきます。

この本の中には、けっしてお金だけ稼ぐためにやっている人は出てきません。どちらかというと、かなり楽しんでいる人たちばかりです。言い換えれば、楽しんでやった結果、お金がついてきたという感じです。

あなたが空き家・古家不動産投資を始めるきっかけは、まずお金儲けから入ってもいいですが、いつか楽しくなって好きで続けて、知らない間にお金持ちになっていたというようになってくれたらと思っています。

あなたがすごいノウハウを生み出し、私が教えを請《こ》いに行くようになれれば、私は本望です。

そう、これは皆さんの成功のきっかけになるための本なのです。

この本をただの面白い物語として読むだけではなく、あなたが物語の主役として参加してもらえればと思っています。

今回は全古協の理事長である大熊重之さんにも参加していただき、空き家・古家再生投資の多くの現場の事例と投資家の皆さんの話を織り交ぜて、誰でも簡単に、少額の資金で、今すぐ空き家・古家投資ができる入門としてお話ししていきます。

２０１７年８月

三木　章裕

儲かる！ 空き家・古家不動産投資入門 ● 目次

はじめに……001

ステップ1 空き家・古家物件をリアルに感じる

空き家・古家不動産投資は、物件を見ることから始まる……大熊 014
リアルエステート――不動産は実際に見ないとわからない……三木 027
空き家・古家とはどういった戸建てなのか……三木 032
社会問題になっている空き家に投資価値はあるのか……三木 034
空き家が増えていくからこそ再生して賃貸転用……三木 036
空き家・古家を放置していれば、どんどん損をしていく……三木 039
古家再生士®、先輩大家のアドバイスで購入へ……大熊 041
物件見学ツアーで空き家・古家を体感するということ……三木 046

空き家・古家物件見学ツアーから購入までの流れ 052

ステップ2 空き家・古家物件を選定し、購入する

物件購入を決断する決め手……大熊 062
関東にも空き家・古家不動産投資の波が訪れている……大熊 070
何を基準にして物件購入を検討していくのか……大熊 076
試算から即購入へ。1年半で7棟を所有するサラリーマン大家 080
利回り20％以上を叩き出す、たまに出るお宝物件……大熊 083
家賃設定が自分で算出できない人は失格！……三木 088
古家再生時の表面利回りについて……三木 093
空き家・古家物件購入の際のポイント……大熊 095
物件購入の際に気をつけなければいけないこと……三木 100
古家再生投資の裏技！ 借地投資！……大熊 103

なぜ相続した家を売りたくても売れないのか……大熊 107
驚愕の〝表面利回り15・6％〟の「オーナーチェンジ」物件……大熊 115
空き家・古家不動産投資、実践者のアンケート 119

ステップ3 古くても魅力的な物件に変える格安リフォーム術

空き家・古家のリフォームとは？……大熊 124
空き家・古家不動産投資ではリフォーム工事の費用を必ず削減する……三木 126
リフォームを安くするには中古戸建てリフォームの専門家が必要……大熊 129
空き家・古家における差別化リフォームのコツ……大熊 135
リフォームで家賃1万円アップをしても入居が決まる……大熊 139
初めての空き家・古家不動産投資で、わずか2カ月で入居者決定！……大熊 145
関東事例——これからは関東地方も続々と物件が出る……大熊 158
空き家になった都心の相続戸建てを賃貸住宅へ……大熊 170

京都市内の空き家をアートで忍者屋敷に！……大熊　178
セルフリフォーム（ＤＩＹ）を断念した残念な物語……三木　180
ＤＩＹ失敗大家の告白（喜ばれる大家の会会長　力石圭司）　180
リフォーム代のかけすぎで失敗しないために……三木　190
必ずリフォームしなければならないのはどこか……大熊　192
そのほかの損をしないためのチェックすべき部分……大熊　195

ステップ４　入居者を付けて大家業を始める

１００％の確率で入居者を付ける……大熊　202
ペット可のマンションで犬を2匹飼っていても嫌がらせを受け引っ越し　211
猫不可のマンションで退去勧告を受けて戸建てへ　212
最終的に家賃1万円アップ！　12匹の猫と一緒に暮らしたい家族の入居　216
空き家・古家には、どんな入居者が来るのか……大熊　223

48歳母子家庭の方が入居 225
不動産登記を行う司法書士から見た空き家・古家不動産投資のメリット……大熊 227
実際に大家さんになった人はどんな管理をしているのか……大熊 231
業者への販促チラシ（マイソク）が入居付けの決め手……大熊 232
25歳から始めたサラリーマン大家。家賃が給料を抜く!? 241
家賃収入700万円でも毎月のように物件を購入する自営業大家 245
あなたの賃貸不動産を持ち腐れにしないために！……三木 254
大家業を始めた瞬間からあなたは企業経営者……三木 256

ステップ5　空き家・古家不動産投資で資産をつくる

資産づくりの多様性から生まれた空き家・古家不動産投資……三木 262
資産づくりで経済的に自立する……三木 265
経営者こそ空き家・古家不動産投資で資産をつくろう……大熊 268

本格的に空き家・古家不動産投資を決意した経営者Aさん 269
サラリーマン大家をするなら融資を活用する……大熊 271
融資についてのアドバイス……大熊 272
法人の設立について 274
融資を使った古家再生物件のシミュレーション……三木 275
資産づくりの頭は「消費者」から「投資者」へ……三木 281
やると決めて12棟購入! 気づけば家賃収入の総額が年間約2000万円 283
不安で仕方がなかった日々が一転した空き家・古家不動産投資……大熊 290
おわりに 三木……297

ステップ 1

空き家・古家物件をリアルに感じる

空き家・古家不動産投資は、物件を見ることから始まる……大熊

全古協が主催する空き家・古家物件見学ツアー*（以下、物件見学ツアー）に初めて参加する方は、いろいろな不安感を持って参加します。しかし、実際の物件にリアルに触れて、物件見学ツアーを体験し、先輩大家さんの生の話（アドバイス）を聞くことで90％以上の不安は解消されます。

残り10％は、実際に投資するかという少しの勇気です。空き家・古家再生投資は、物件を実際に見ることにより、誰にでも簡単にできると実感できます。

物件見学ツアーに、Hさんが初めて参加された時の話です。

Hさんは、今までさまざまな不動産セミナーに何度も参加された経験をお持ちでした。しかし、空き家・古家投資に関しては初めてでしたので、不安感を持って物件見学ツアーに参加しました。

その一方で、今回は物件をリアルに体験できるので、不安感と同時にワクワク感も

＊空き家・古家物件見学ツアー……全古協が主催する空き家・古家再生のビフォー＆アフターを体験できる見学ツアー。

あったようです。

とは言いつつも、これまでいろいろな経験をされているHさん。**「もしかして、だまされないのか？」「物件を無理やりに売りつけられないか？」「本当に儲かる物件など見られるのか？」**など不安感のほうが大きかったようです。

私が初めてお会いした物件見学ツアー開始時は、斜に構えている印象が強かったのを覚えています。

物件見学ツアーは、集合場所で自己紹介から始まります。初めて参加される方はいきなりの自己紹介に戸惑うようですが、ここは一緒に参加している先輩大家さんが口火を切ってくれます。

「私は、6回目の参加です」「1年半前から定期的に来ていて、もう物件を8軒購入しました」など、大家業の先輩たちの自己紹介を聞いて、Hさんも少し安心した様子でした。

また、今回の物件見学ツアーには、先輩大家の方以外に、初参加の方も2人いらっしゃったので、それも安心した要因の1つだったと思います。物件見学ツアーは、ほぼ毎回、自然と常連の先輩大家さん、2軒目購入を検討している先輩大家さん、初めて参加される方の組み合わせになります。

さて、自己紹介が終わったあとは、ようやく物件見学です。今回は、見学対象物件まで車数台での移動となりました。

Hさんは私が運転する車に乗り、最初は車内の会話に耳を傾けていました。車内の雰囲気に慣れてきたのか、Hさんは同乗している参加者に質問をしていました。

「どうしてこの物件見学ツアーに参加されたんですか？」

「いやぁー。数年前から空き家・古家不動産には興味があって勉強はしてはいたんですが、いざ購入となるとなかなか買えなくて……」

あとから聞いたのですが、Hさんはこの時、自分も先輩大家さんと同じ状況だと思ったそうです。

車の中では古家再生士®*（以下、再生士）がいろいろな事例を話します。

再生士　「隣にお座りのTさんは、投資を始めて半年なのにもう3軒も購入している

＊古家再生士®（再生士）……空き家・古家の賃貸物件化を専門とした賃貸不動産知識と差別化リフォームができる職人、全古協認定工事会社。

んですよ。ねぇ、Tさん」

Tさん 「ええ、最初はドキドキだったんですが、この仕組みが理解できると、ほかの不動産は買えませんよ」

再生士 「そう言えば、Mさんは、先日初めてこの近くのテラス*を180万円で買ってすぐに入居者が付いちゃったんです」

など、リピートが多い事例を話しています。

再生士と参加者の会話に知らず知らずのうちに聞き入っているHさんは、「なるほどなぁー」と、心の中で何度も納得する心境だったそうです。そのような何気ないコミュニケーションからHさんの気持ちにも少しずつ変化が現れました。そして、「ここは無理やり物件を売りつけてくる気配もないし、信頼もできそうだな」と思ったそうです。

車の中での会話の盛り上がりから、Hさんは空き家・古家の見学に期待が高まっていました。ところが、生々しい現場（物件）へ実際に足を踏み入れると、開いた口が

＊テラス……略称。テラスハウスと呼ばれる。複数の建物が連続してつながって、それぞれの躯体の壁や柱を共有して建てられている連棟式住宅。戸建てとは区別される。

ふさがりません。先ほどまでの期待は真っ逆さまに急降下していったのです。

この時の本音は、「えぇーっ！　こんなボロ家でもリフォームで本当に直るの？」「誰がこんなボロ家に住むんだろう？」。

車の中でやっと前向きになれたHさんでしたが、実際にボロ家を見たことで、またもや不安へと逆戻りしたのです。


おそらく、あなたも実際にボロ家を目の前にした時、Hさんと同じ感想を抱くと思います。なぜなら、本当にボロ家だからです。

実は、物件見学ツアーには、事前に考えたルートがあります。

初めにまったく手つかずのボロ家を見ていただきます。初めてボロ家を目にした方は、Hさんと同様に、「こんなボロ家が不動産投資の対象になるのだろうか？」と不安になります。外観からして明らかに築40年以上といった感じで、家の中を見ても昭和な感じそのままで、逆に玄人目線から見れば、「家をつぶして新築物件を建てたほうがいいのではないか？」と思えるくらいです。

しかし、こうしたボロ家がどのように再生されるかを肌で感じてもらうために、最初に何も手を入れていない物件を見ていただくのです。

さて、ボロ家の実態を知っていただいてから、再生された完成物件を案内します。車で次の場所に到着すると、「次の物件は完成物件です」と、物件見学ツアーを進行している担当から案内があります。

「おぉー、やっと完成物件が見られる！」と、先ほどとは違うテンションがうかがえる先輩大家さんの様子を、Hさんは横目で見ていました。

「さっきのようなボロ家のリフォーム物件だよね……期待はできないな」と、半ばあきらめ気味に肩を落としながらも、いざ完成物件を目《ま》の当たりにすると……。

「こっ、これはすごい！」

Hさんにはその景色が止まっているように見えました。先ほどのあのボロ家がこれほどまで変わるとは想像もしていなかった様子です。その衝撃は初めてボロ家を見た時よりも心が動いたと言います。

土壁を塗装で施したデザインの模様、内覧者を楽しませる飾り付けの工夫、そして畳の匂い。「あのボロ家がここまで生まれ変わるのか!?」と、その時の状況を振り返って、「いちいち感心するばかりの演出だった」と言います。

先輩大家さんからも「なるほどー。これなら住みたくなるよね」「ほんと自分でも住みたいくらい（笑）」というような会話がそこらじゅうから聞こえ、物件見学ツアーに参加した人たちの、少し興奮した声や雰囲気がHさんに伝わり、再び空き家・古家不動産投資への信頼を取り戻したのです。

物件見学ツアーが終わり、もとの集合場所に戻ると、私の司会で本日見学した古家物件の査定を参加者全員で行います。

「それでは皆さん、本日見学した物件の答え合わせをしますね」

すると、参加者たちは物件のチラシや電卓をごそごそと取り出し準備を整えるのです。そして私は、Hさんに悪戯《いたずら》に聞いてみました。

「Hさん、当てずっぽうで大丈夫です。1軒目の家賃はいくらくらいを想定されていますか?」

するとHさんは、眉間《みけん》にシワを寄せて、「う〜ん」と考えながら、「いやー、正直なところぜんぜん検討もつきません。でも、完成物件のように仕上がるのなら6万円（?・）で、借りてくれそうな気がします」

家賃の設定は、空き家・古家不動産投資をするうえで重要なポイントです。なので、私は家賃に対する考え方をこの場でしっかり説明するようにしています。

「この辺りの家賃相場を調べると5・5万円でした。ですが、1軒目のこの物件は駅から遠かったですよね。それと、駅からの道中が坂道だったので状況はけっして良いとは言えません。だから家賃相場よりも少し低めの5万円で試算しましょう」

私はいつも**「確実な家賃設定を試算するように」**と、大家さんたちに教育をしています。それは、家賃設定が空き家・古家不動産投資の成功を左右すると言っても過言ではないからです。

1000円でも家賃設定を誤れば入居付け*に影響します。それと、大家さんの希望で家賃設定を上げるのはかまわないですが、私は厳しく判断するようにしています。

家賃設定は、立地や地域性や環境をしっかり踏まえたうえで、あくまでも入居者のために試算する必要があるからです。

＊入居付け……空き家・古家を再生したあとに賃貸住宅として貸し出す場合、そこに家賃を払って入居してくれる入居者を募集する行為。

Hさんは、このような考え方を聞いて、「ここでは自分たちが欲しい家賃より、入居者の目線で家賃を決めているんだな」と、空き家・古家不動産投資の理解がようやくできてきたとおっしゃっていました。

そして最後は、本日見学した物件を購入したい先輩大家さんは、実際に買付の希望を出します。先輩大家さんたちは自分なりの考えを持って次々と挙手を始めます。

彼らの姿を見たHさんは、「この人たちは自分なりの経験と判断を持って、主体的に購入しているんだな」と感じられたそうです。

物件見学ツアー終了後には、Hさんから「来月も来ます。よろしくお願いいたします」と、何か吹っ切れた様子で今回の物件見学ツアーをあとにしました。

全古協では、定期的に空き家・古家物件見学ツアーを開催しています。

このツアーは、今までに何度か実施してきたのですが、評判はどうなんだろうと、気になっていましたので、思い切って参加者の方に聞いてみました。

「自分が買う時の恐怖が和らぎます」
「物件見学の魅力は、目利き力がつくことと思っています」
「たくさんの物件が見られるので、リフォーム代や買値を現場で出す経験が積めるのと、プロにすぐに聞けるのは大きな学びですね」
「ビフォー&アフターが見られて、仕上がりがイメージできるようになるので、自分が買う時の勉強になります」

多くの方が、このような感想を述べてくれますが、中にはしっかりとした感想をいただきます。

「全古協さんの物件見学ツアーに3回参加しています。回数を重ねるごとに家賃の相場観やリフォームの価格、物件の買付希望価格の目安が少しずつわかるようになり、『古家再生投資プランナー®認定オンライン講座』*（以下、オンライン講座）で学んだことが身になってきている実感があります。

＊古家再生投資プランナー®認定オンライン講座……全古協が主催する空き家・古家に特化した大家を養成するWEB講座。

また、物件見学ツアーの回数を重ねると、多くの先輩や仲間と親しくなり、より気軽に質問や意見交換ができて素朴な疑問点が解消されるようになり、その分得るものが多くなっていると感じています」（参加者Kさん）

「月に1回の『勉強会*&物件見学ツアー』は、一度にたくさんの物件を見ることができとても楽しく勉強になります。また、ツアーにはとても若い人たちが多いのにびっくりしました。

不動産投資といえば　まだまだ『特別な人がやる』というイメージがあり、誰とでも話ができるわけではないので、このような会で異業種の方やいろいろな世代の人と知り合い仲間づくりをすることはとてもいいものだと思います」（参加者Cさん）

「実際に物件を所有している人と話せて参考になりました。

最初のセミナーでは、人生の方向性を決めて、そこへ向けて考えて進んでいく必要性を強く感じています。実際に物件を所有している人と話す機会が少なかったので、見学の道中も、どなたと話しても参考になりました。

＊勉強会……空き家・古家を賃貸物件化にする全古協主催の勉強会。

1人ではなかなか踏み出せないですが、いろいろな話を聞かせていただいたり、教えていただいたりすることで背中を押してもらえることは確かだと思います。もちろん自己責任なのですが……。ただ、どの物件もよく見えたりするので、自分の基準を持たないといけないと思いました」（参加者Sさん）

「初めて空き家・古家物件見学ツアーに参加しました。こういう〝感じ〟はインターネット調査や1～2軒の物件内覧だけではなかなか感じられません。

お会いしたことのある人がほとんどいなかったので、初めは緊張しましたが、何軒も古家を一緒に見ているうちにいろいろと話もでき、少しずつ皆さんと打ち解けられたように思います。

1日でリフォーム前、リフォーム中、リフォーム後、モデル物件などさまざまな物件を見学することができ、本当に有意義な見学会でした。特に私は、内覧自体をほとんどしたことがなかったので、1日でたくさんの物件を見て学ぶことも多かったです。具体的には2階の部屋が1つひとつ独立している部屋になっているほうが良いということを、物件を実際に見て実感しました。雨漏りの跡や床のペコペコした感じ、どこをリフォームしてどこはリフォームせずにそのまま活かすかなど……。

また、物件を見るために車で移動して街の雰囲気を感じました。私自身はなじみのない地域ですが、街の雰囲気が良く、ここなら住みたいなと感じました。

こういう〝感じ〟は、まさにインターネット調査だけではなかなか感じられないことだと思います。時間をかけてツアーをしてもらったことで、いろいろと実感できるようになったのだと思います」（参加者Mさん）

以上のように、実際に空き家・古家を見ることからこの投資は始まります。

実際に空き家・古家投資は、初めて始められる方も多くいます。アパマン[*]の不動産投資は敷居が高くリスクも多く、しかも投資資金のケタが違います。

少額から、誰でも始められるのが空き家・古家不動産投資の魅力です。それを実感していただくのも、まずは物件がどういったものであるのか、さらにすでに始めている大家さんたちの話を聞いてみることも大切です。

少しでも不安があるという方は、こうした物件見学ツアーに参加することをお勧めします。

＊アパマン……アパート・マンションの意味。

リアルエステート――不動産は実際に見ないとわからない……三木

そもそも「空き家・古家物件見学ツアーって何？」と思った方も多いと思います。この仕組みは、私が本を書く時から構想に入っていました。

多くの不動産投資の本は、今や書店に山ほどの種類があります。まず知識から入ると思います。たとえば不動産投資に興味のある皆さんは、まず知識から入ると思います。またインターネットで不動産投資と検索すれば、たくさんの情報に触れることができます。

そのため、皆さん頭でっかちになって、物件資料でも取り寄せたら、その書類だけですべてわかったように思ってしまうようです。

ひどい人はそのまま現物も見ずに買付を出してしまう人もいます。

はたして、それが正しい不動産購入方法なのかと、私はとても危機感を持っていました。

不動産は英語では「リアルエステート」[*]と言います。

＊リアルエステート……real estate。不動産、物的財産（土地、建物など）の意味。

まさにリアルな存在である不動産が、いつの間にか情報として処理され売買されている状況になっています。

レントロール*を見て、築年数を見て、固定資産評価額を見て、積算して……借入想定金額と融資期間を割り出して買付を入れる。

この作業までなら、なんと一度も物件を見なくてもできてしまいます。机上計算で購入の意思決定ができてしまうわけです。

これで本当にいいのでしょうか？

不動産でも賃貸住宅は、住まいという一番人間臭い分野を扱っているはずなのに、いつの間にか人間不在の机上の空論の世界をさまよっているように見えるのです。

そこで、私の本を読んで興味を持ってくれる方には、まさに不動産を体験できる場をつくりたいと思っていました。

現場で現物を「見て、感じて、体験して」もらうことが、皆さんのスキルアップには最短で最強の方法だと思ったのです。

そこで、全古協では各エリアの空き家・古家を再生しているメンバーにお手伝いい

＊レントロール……家賃収入明細表。該当する物件が現状、月額・年額でどれくらいの家賃収入が上がっているかの明細、また空き室があれば満室時の想定家賃収入も提示されている場合がある。

ただき、物件を実際に見て体験できるようにしたのが、物件見学ツアーなのです。

この物件見学ツアーは、再生士が準備として不動産業者を回り、最新の物件資料を集めています。その中から、物件見学ツアー当日、実際に見に行く物件を選定して、参加者と一緒に見学するイベントです。

そのため、物件見学ツアー当日には売れてしまっている物件も出たり、その日から売り出すため業者からの情報が入り急きょ見学に行ったりなど、その日の物件見学ツアーは当日までどうなるかわかりません。

このライブ感が大切なのだと私は思っています。**皆さんが一流の不動産投資家になる時には、いつもこのようなことを体験することになるからです。**

お目当ての物件を見ようとして、その目の前で売り止めになることも多々あります。また、見学中にお目当ての物件の隣で売り出している出物物件を見つけることもあるのです。

投資不動産探しは、まさに皆さんがお宝探しの冒険者にならないといけません。

じっと家でサイトを眺めたり、不動産業者が紹介してくれるのを待っているようなものではないのです。

まさに不動産投資市場の荒海を航海しながら、宝島にたどり着くリアルな冒険が必要なのです。

知識だけで投資しようとするから不安になるのです。知識や情報に１００％はありません。あとは皆さんが見て感じて納得できないかぎり、不安ばかりが先に立ち決断できないのです。

私は不動産投資の成功者は**「知識30％、経験70％」**だと思っています。知識だけで経験が少ないうちに買ってしまうからあとで苦労するのです。

少なくとも物件を体験する経験を十分に持てば、自信ができてくるのです。

物件見学ツアーでは、すでに古家投資をしていて、さらに物件を買うために参加している経験者の方もいます。ですから、すでに経験している方の意見や経験も聞けるわけです。

また、同じような初心者の方もいて共感し合える仲間もできます。

もしこれが、最初から不動産業者に物件を紹介してもらっていたらどうでしょうか？

まず素人対プロでは情報量と経験値がまったく違う人、それも成功報酬で売上を上げることをノルマにされている人と一緒に回れば、まさに丸め込まれてまんまと売りつけられてしまう可能性が高いわけです。

不動産業者が悪いのではありません。彼らもノルマを果たさなければならないので、ただの親切で案内しているわけではなく、結果を出さなければならないのです。

そんな中に、私の本を読んでくれて興味を持ってくれた皆さんを飛び込ませるわけにはいかないと考えていました。

不動産業者に案内させずに、仲間で安心して本音を言い合いながら資料を見て物件を見て回り、体験して、いろいろな人の意見、視点、経験、同じ気持ちの仲間ができる場をつくろうと思ったのです。

これはこれで、本当はとても手間がかかり、やる側は大変です。でも、どうしても皆さんのために見学会の仕組みをつくりたかったのです。

空き家・古家とはどういった戸建てなのか……三木

世間で言われる空き家や古家という言葉は、かなり広範囲の概念が含まれています。

空き家と言っても、田舎のほうにある民家、町中の空き家、シャッター商店街の店舗等、多様な空き家や古家をひとくくりの言葉として使っています。

それぞれの空き家の状況によって、再生活用方法の考え方は違います。

たとえば、地方の民家の場合、行政がIターンなどによって都会の人たちを誘致する制度や田舎暮らしをしたい人たちの自宅やセカンドハウスに利用されたりします。

また、空き店舗の場合、新しい業態を誘致したり、京都などでは町屋の再生として店舗にしたり、民泊*や簡易宿泊所として観光客向けのビジネス用に用途を変えたりしています。

ほかにも空き家で敷地が広いものであれば、不動産業者が買い取って分割して分譲

＊民泊……民家に宿泊すること。ホテルや旅館といった宿泊施設ではなく、個人の自宅やマンションの１室などに宿泊することを指す。最近では、エアービーアンドビーなどインターネットで海外から簡単に予約できるシステムがあり、個人や企業がビジネスとして参入、宿泊者は急増している。

住宅として販売するものもあります。

このように、空き家や古家と言っても、その状況により再生方法は異なってきます。

この本で取り扱う空き家や古家は、**主に都会のベッドタウンとして戦後の高度成長期に仕事を求めて地方から出てきた人たちが、町で開発された住宅を購入し住んだものの中でも、比較的小さな分譲住宅たち**です。

まだまだ、住まいとしての需要があるエリアで、適切に空き家・古家の再生をすれば、十分に賃貸住宅として住む人を見つけられるという物件です。

こうした地域では、使われなくなった住宅を再生し住めるように整備すれば、十分賃貸住宅として再生でき、住まいを探している人、不動産投資したい人、地域に人を呼び戻したい地元の方々に役立つことのできる再生方法です。

そうした特性を持ったエリアにある空き家・古家をいかに再生活用してあなたにも儲けて資産形成してもらうかをこの本ではお話ししていきます。

社会問題になっている空き家に投資価値はあるのか……三木

物件見学ツアーのように、空き家・古家の購入を考える前に、そもそもなぜこれを不動産投資の対象にしているのかという理由があります。

あなたも「空き家問題*」のニュースをテレビや新聞で見ない日はないのではないでしょうか。

空き家問題は、どうしてこんなに話題になるのか？

これは、大きく言えば日本の人口減少、世帯減少と戦後の団塊の世代がどんどん高齢になることで、認知症やお亡くなりになる数が非常に増える時期に突入しているからです。

そのため、今住んでいる家に住む人がいなくなり、老人ホーム等の高齢者施設や病院に入ってしまい、誰も住まない家が急増しているからです。

たとえば、長男、長女の独りっ子が結婚すると、旦那さんの両親の家、奥さんの両

＊空き家問題……総務省「住宅・土地統計調査」（平成25年）参照。

親の家、そして自分たちの家があることになり、どちらの両親の家もいつかは誰も住まない空き家になってしまいます。

このように、人口が減っていく社会では、住まなくなってしまった家が加速度的に増えていきます。

最近の統計*では、空き家は２０１３年（平成25年）で８２０万戸あり、野村総合研究所の推計では、２０１８年（平成30年）には１０００万戸に達すると言われています。

２０１３年の総世帯数は５２４５万世帯です。もしこれが２０１８年に１０００万が空き家になると、なんと全国で19～20％の空き家率、**５～６軒に１軒は空き家となる**計算です。

今でもそうでしょうが、来年にはあなたが自宅を出て周りを見渡せば必ず空き家が見つかる状況になります。そして、空き家率の多い街はゴーストタウンになってしまいます。

こうなると治安も行政サービスも維持できなくなり、あなたの周辺の住環境は荒廃

＊最近の統計……総務省「住宅・土地統計調査」（平成 25 年）より。

していくばかりです。

まさに空き家が増えることは、大きな社会問題なのです。

空き家が増えていくからこそ再生して賃貸転用……三木

こうした話を聞けば、空き家や古家なんか買ったら大変じゃないか、住む人なんかいるわけないと感じたのではないかと思います。

しかし、ここにまた日本の複雑な事情が関わります。

家を買えない、持てない人（住宅確保要配慮者*）が増えているのです。

現在の日本では住まいを確保するのに大変な高齢者、低額所得者、子育て世帯等の住宅確保要配慮者が増えています。こうした方は、もちろん家を購入する余裕はありません。しかし、住む家は必要です。このような方は当然賃貸住宅に住むわけです。

また別の理由も存在します。

＊住宅確保要配慮者……高齢者、子育て世帯、低額所得者、障害者、被災者など住宅の確保に特に配慮を要する者。「住生活基本法（平成18年）」で使われている用語。

若くて一流会社に勤めたり高学歴の夫婦も住宅を買えなくなっている（若年層の貧困）のです。これはある経済アナリストから聞いた話ですが、最近の学生はほとんど奨学金を使って大学を卒業しているため、実は高学歴な人の中にはかなりの高額の奨学金の返済を抱えている人がいるというのです。

たとえば、私の知っているある薬剤師のご夫婦でも、1人1000万円、夫婦で2000万円の奨学金の返済を抱えていて、とうてい、家を買う余裕なんてないと嘆いています。

この夫婦のケースならまだ収入が高いほうですが、若いサラリーマンやフリーターの中には奨学金返済に追われて若年貧困に陥る人もいるそうです。

まさに「マイホームを買って家族と生活する」なんてことは幻想になっているのです。

とりあえず、住める家を確保するだけで精いっぱいの人が増えているというのが現状です。そのためにも、このような人たちへの賃貸住宅提供が急務になっています。

ということは、低価格の家賃で住みやすい家が必要なわけです。

この時代こそ、あなたのチャンスなのです。

一般的な賃貸住宅は狭いものが多く、ファミリーの人数それぞれにものがあふれた時代、たくさんのものを持っている若者は空間の広さを求めているのです。

その時、小さなワンルームと同じ程度の家賃で、広い空間の空き家・古家が再生された賃貸住宅があれば、多くの人たちがそちらに住み替えてきます。

つまり、ローコストながら住む人の趣向に応えた形でリフォームをして、なるべく安い家賃で広い空間を提供できる空き家・古家再生物件はとても魅力的なのです。

もしこうした住宅事情を知らなければ、親からの相続した物件などどうしようもないお荷物だと思ってしまいます。

しかし、あなたはこの本を読んでいます。全国に数多く存在する空き家や古家が見事に再生されて、賃貸住宅に転用できるのです。言い換えれば、あなたはすごいビジネスチャンスに遭遇しているのです。

空き家・古家を放置していれば、どんどん損をしていく……三木

２０１５年（平成27年）５月に「空き家対策特別措置法」*が施行されました。この法律の趣旨を簡単にまとめると、以下のような内容です。

●空き家を放置させない→空き家を放置すると行政が勧告・強制撤去とその費用負担が求められる。

●固定資産税の特例対象から除外（更地なみ課税）→固定資産税が３〜６倍に跳ね上がる！

一般のサラリーマンが、もし親の空き家の固定資産税を払っているとします。たとえば、年間10万円の固定資産税を支払っていたものが、この法律を適用されると年間30〜60万円に跳ね上がるということです。当然、維持することができなくなります。

また、処分するにしても解体費が数十万かかるとすると、建物を解体することを躊《ちゅう》

＊空き家対策特別措置法……正式名は「空家等対策の推進に関する特別措置法」（平成26年）。

躇《ちょ》してしまいます。

ということは、なんとかして空き家を処分しなくてはいけなくなります。そのため、現状の空き家のままで処分したい人が増える。

もうすでに最近でも、維持管理や固定資産税、解体費を考えればただでも処分したいという相続人の方がいました。

まして本格的に特別措置法が運用されるようになれば、ますます加速度的に空き家を処分したい方が増えます。

その時が皆さんの活躍するチャンスです。

この空き家を再生して賃貸転用するスキルがあれば、**いくらでも儲けるチャンスがあるわけです。**

以上のように、空き家・古家が魅力的な投資であることが、おわかりいただけたと思います。それでは、物件購入までのステップに戻りましょう。

古家再生士®、先輩大家のアドバイスで購入へ……大熊

Kさんが物件見学ツアーに参加することになったきっかけは、全古協が毎月開催している「古家再生投資・空き家活用セミナー in 大阪」*（以下、古家説明会）に参加した時に、「空き家・古家物件見学ツアー」の案内があったことからでした。

Kさんは「これはチャンス！」と言わんばかりに、すぐさま挙手をして、翌月の物件見学ツアーに申し込みをしました。

古家説明会の際に、物件見学ツアーとはどんなイベントであるかの詳しい説明があります。

Kさんが物件見学ツアーに寄せた期待は、「現場（古家）を体験できる」というコンセプトでした。実際に自分が古家を購入するとなった場合、老朽化している物件の善し悪しは素人では判断ができません。

空き家・古家不動産投資を実践していくうえで、ボロボロな状態の物件を回復させるリフォームについて、Kさんは古家説明会に参加する前からずっと興味を持ってい

＊古家再生投資・空き家活用セミナー……全古協が主催する空き家・古家を再生し活用する方法とその仕組みを説明するセミナー。

ました。

古家説明会に参加してからは、「空き家・古家不動産投資をやりたい！」と、一気に火がついて、すぐさまオンライン講座に申し込みをしました。

それから猛勉強の末、なんとオンライン講座に申し込みをしたその1週間後には、古家再生投資プランナー®＊（以下、プランナー）試験に合格したのです。

物件見学ツアーでは、古家リフォームを専門とした再生士と一緒に、築30年、40年、50年もするテラスや戸建てをリアルに体験します。

朽ち果てた台所であったり、ボコボコしていて今にも底が抜けそうな床であったり、動産だらけで歩くスペースもないリビングであったり、現実の古家はKさんが想像していた世界よりも、はるかにひどい状態であることに驚いた反面、どこか感心する一面もありました。

古家の本来の姿を知ったKさんは、「この家の中の物は全部リフォームしないとダメ

＊古家再生投資プランナー®（プランナー）……空き家・古家を投資物件に変える知識を習得し、全古協が認定した方。

だな」と、これも自身が想像していたリフォームより「はるかに工事費用がかかるだろう」と頭によぎり、少しショックを受けたのでした。

Kさんは次の物件へ移動する車の中で、同乗している再生士に、先ほど見た物件のリフォームのポイントや注意点について質問しました。

すると、再生士からは、「台所はそのまま使えるから取り替えるほどでもないし、床もだいぶん傷んでいるけど、大工工事をするほどでもありません。それと足場がないほどの大量の動産は、それを撤去する費用分、物件の売値から引いてもらいましょう」という回答がありました。

再生士が出したリフォーム費用は、Kさんの予想より大幅に安価な工事費用でした。「悪いものは全部取り替える」、そんな固定概念を持っていたKさんは再生士のリフォームに対する考え方が勉強になりました。

物件見学ツアーには、Kさんの先輩になるプランナーもいました。

「この人たちももとは自分と同じ立場だったはず」と、Kさんは先輩プランナーからもいろいろ吸収しようと積極的にコミュニケーションをとるようにしました。

＊動産……不動産以外のすべての財産。この場合、空き家・古家に残っている家具・生活用具・雑貨・ゴミなどを示す。

先輩プランナーからは、「先月に3軒目の物件を買いました」とか、「先々月に購入した物件は、3週間で入居者が付きました」とか、「ボロボロの物件だから〝買い〟ですよね」とか、Kさんには先輩プランナーの様子がどこか自信に満ちあふれているように見えました。

Kさんは「これが経験の違いなのか」と、どこか羨《うらや》ましさを感じ、「自分も早く買いたい」と、空き家・古家不動産投資への想いが募っていきました。

Kさんは物件見学ツアー後にある懇親会にも参加しました。

懇親会は全古協のスタッフや、物件見学ツアーに参加した方々と一緒に、コミュニケーションを交わす場所です。この懇親会は、ただただコミュニケーションを交わし、仲良くなるための場所ではなく、実はこの席こそ、非常に価値のあるものだとKさんは感じたのです。

たとえば、税金の話や融資の話、はたまた耐震の話まで、また過去にあった問題の事例などリアルな話ばかりで、Kさんは「へぇー、そうなのか」と、いちいち感心するしかありませんでした。

また、今回の物件見学ツアーで紹介した物件に、買付の希望を出した方をみんなで称え合い、入居付けを心配される方へは「絶対に大丈夫ですよ。私も3カ月はかかりました」と、気持ちを込めた言葉で励まし合います。

不動産屋から「先ほどの物件に買付が通りました」と連絡が入れば、みんな総立ちで「おめでとう!」と拍手喝采《かっさい》と大盛り上がりです。

Kさんは「このような同じ価値観を持った仲間がいることで、個人が強くなれるんだ」と、空き家・古家不動産投資を実践するうえでの仲間の大切さを知ることもできました。

再生士との話の中で、Kさんが最も感銘を受けた言葉がありました。

それは**「まずは1軒目を買うこと」**でした。

そして、そのあとで次のように話をしました。

「空き家・古家不動産投資をいくら勉強しても、いくら物件見学ツアーの経験を積んでも、物件1つを購入するほうがはるかに勉強になります。とはいっても、500万円前後する大きな買い物です。当然リスクもあります。でも考えてみてください。そのリスクをすべてカバーするために私たち全古協があります。だから、自信を持って、勇気を持って1軒目の購入に踏み切ってください。私たちは全力でサポートします」

Kさんは、物件見学ツアーに初参加した2カ月後で1軒目を購入しました。2回目の参加となったKさん。この時は「1軒目を絶対に買う！」と、気合を入れて物件見学ツアーへ挑んだそうです。そして、見事に自身が求める物件を購入することができました。

Kさんは、その次の3回目の物件見学ツアーでも2軒目も購入しました。今ではベテランプランナーとして、初めて参加される方々のサポートもしています。

物件見学ツアーで空き家・古家を体感するということ……三木

空き家・古家物件見学ツアーでの体験談を見ると、先述したHさんのように私の本を読んだり、ほかの不動産投資本を読んだり、事前に知識は持っているつもりで来られます。

Hさんは、ほかのセミナーで物件商談会と称して、物件を紹介されて営業されたりしたようです。そのような経験があると、こうした物件見学ツアーも怖くなるのは当たり前です。

つまり、「物件を見る＝売りつけられる」という方程式が頭にインプットされているのです。

しかし、全古協が主催している物件見学ツアーは不動産業者が開催しているものではなく、空き家・古家を再生している大家仲間が、自主的に自分たちで集まって物件を体験するためにやっているものです。そのサポートとして全古協のコンサルタント、スタッフがお手伝いをしている形です。ですから、あなたも気兼ねなく仲間で気楽に見るため体験するためのツアーと言えます。

たとえばKさんの場合は、何度も参加することで、多くの空き家・古家不動産投資の先輩や仲間と知り合いになることができました。このような同じ気持ちを持った仲間がいることで安心して自分の考え方についての意見や率直な感想がもらえるようになり、本当に腹を割った会話ができるようになります。

物件によっては「これはぜんぜんダメですね！」など率直に言えるわけです。これが不動産業者が一緒だとここまで突っ込めませんし、「この物件買いたい！」と思ってもこちらの気持ちをそうやすやすと不動産業者に言うわけにはいきません。

なぜなら、値切る交渉をしてもらう可能性もあるわけですから。

不動産業者には、あまり本音で言えないのです。

しかし、このような物件見学ツアーなら、みんな仲間ですから本音をぶつけ合えばいいわけで、その中でとんでもないアイデアも浮かんだりします。

「この階段下は塞《ふさ》いでいるけど収納棚にできるのでは」「ここに壁をつけて脱衣室をつけると使いやすくなるね」「ここにキッチンを移動すると裏の扉の近くなので生ゴミが出しやすいよね」「雨漏りしている物件は普通みんな敬遠するのに、これくらいの雨漏りならすぐ直せるからその分安く買えばいい」など、一般的な不動産の知識以上の現場的判断に遭遇したり、みんながいろいろな視点で思わぬ発想をしてくれます。

これだけでも参加者は1人で物件を見に行くより数段経験値がアップします。

またCさんの場合は、不動産投資というだけで後ろめたさがあったのでしょうか、このような場では同じような気持ちの人たちがたくさんいることを知って、後ろめたさが吹き飛んで勇気が湧いてきたと言います。

さらに物件見学ツアーでは、不動産投資のシミュレーションを体験できてしまいます。このようなツアーがなければ、多くの人は不動産投資をしようと思うとすぐに不動産業者のところから資料をもらい物件を見て買おうとします。

空き家・古家といえども何百万円もするものをそう簡単に買おうとするのは危険です。

たとえば、自分のお気に入りの家電や服ならかなりのお店を回ってウインドショッピングをして買おうとするはずなのに、なぜ不動産なら簡単に買えてしまうのか？

それは、あまりにも知識と経験がなさすぎて、ものの判断ができなくなっているからです。だから物件をパッと目の前に用意されると、最良の判断ができなくなってしまい、買いたい気持ちが先行してあと先考えず買ってしまうのです。

あなたの日常の買い物では、実際の使用感などの体験を積んでいるので慎重に購入判断ができます。しかし、こと不動産に関してはあまりにも無頓着《むとんちゃく》すぎる人が多いのです。

物件を買ってリフォームして入居募集して、入居者対応をして賃貸経営をしていくと考えればシンプルな投資ですが、物件選びに安易すぎる選択をしてしまい、失敗してしまうのです。

私はこのような失敗をされる方々を多く見てきました。

では、上手に不動産投資をするにはどうすればいいのでしょうか？

それは、たくさんの経験を積むことしかありません。

ではどうやって積めばいいのでしょうか？

それは、多くの物件を実際にこの目で見るしかないのです。**物件を買う前にどれだけの数を見てきたかが不動産賃貸経営の成功の鍵《かぎ》になる**のです。

だからと言って、別に全古協の物件見学ツアーだけが素晴らしいと言っているのではありません。とにかく物件を見るという経験・体験が少なすぎるのです。

購入前に多くの物件に関わる、それも資料ではなく現場を体験することが大切なのです。

この点で、体験を増やすための弱点があります。それは不動産業者にたくさん案内をしてもらおうとしても、彼らの営業活動もあるため、ただ見学のために来るお客さんは相手にされず、いずれ物件紹介もなく見に行く機会もなくなるのです。

そうした弱点を、全古協では不動産投資家同士の集まりとして見て回ることで、経験数を増やしやすくしているわけです。

物件見学ツアーには、ほかにもたくさんメリットがあります。それはおいおいお話ししていきましょう。

空き家・古家物件見学ツアーから購入までの流れ

空き家・古家物件見学ツアーの開催について

空き家・古家物件見学ツアーの準備と運営についてご説明します。物件見学ツアーの開催日は、毎月、次の日程で決まっています。

- 空き家・古家物件見学ツアーin名古屋　第一土曜日
- 空き家・古家物件見学ツアーin大阪（天王寺）　第一日曜日
- 空き家・古家物件見学ツアーin大阪（東大阪）　第三日曜日
- 空き家・古家物件見学ツアーin埼玉（川越）　第三土曜日
- 空き家・古家物件見学ツアーin埼玉（春日部）　第四土曜日

※ゴールデンウィーク・お盆休み・年始年末などの連休の時は、開催日を変更する場合もあります。案内・申し込みは全古協のウェブサイトにて（全古協で検索）。

古家再生投資プランナー®および一般会員様の案内募集について

物件見学ツアーの募集は、開催日の1カ月半前に古家再生投資プランナー（以下、プランナー）から優先にメルマガで案内を出します。人気の地域では、プランナーに案内を出した時点で満席になることもあります。

どうしても参加したい一般会員の場合は、その中でも「プランナー候補者」のみ特別枠で優先受付をしています。一般会員および一般の募集は、プランナーへ案内を出した1週間後に、メルマガ・ウェブサイト・SNSにて募集をかけます。

空き家・古家物件見学ツアーで紹介する物件仕入れは前日まで行う

全古協の古家再生士®（以下、再生士）は、日頃から売買不動産の業者と親しい関係性を築いており、一般公開される前の物件情報や、業者が判断しかねる収益物件の情報も、再生士はどこよりも早く仕入れる状態にあります。

業者から連絡を受けた物件情報は再生士が事前に現地調査を行い、収益物件になるかどうかの試算を出して、再生士の判断のもと、可能性がある物件のみ物件見学ツアーで紹介しています。

年間を通して時期にもよりますが、なかなか物件が見当たらない場合も当然あります。また、何とか段取りをつけた物件であっても、物件見学ツアーの前日の夜や当日の朝に売れてしまうケースも少なくはありません。

ですので、再生士は物件見学ツアーの前日も、場合によっては当日の朝も優良物件を探し続けています。突然の事態に対応する時にも業者との関係性がしっかりできていますので、別の物件を紹介してくれるなど親切に対応いただけます。

参加者たちの送迎および主催する再生士の会社（事務所）に集合

物件見学ツアーの開催場所は、基本的に物件見学ツアーを主催する再生士の会社（事務所）で開かれます。また、地域によって異なりますが、物件見学ツアーへ参加する方々を、運営スタッフが開催場所となる最寄りの駅まで送迎します。

メンバーの自己紹介と古家物件ツアー中の注意事項を共有

物件見学ツアーへ参加する方は、ベテランのプランナーや初参加のプランナー、一般会員がいます。初対面の方々とのコミュニケーションを深めるためにも、初めは個人の自己紹介をしてもらい、ご自身の会員種別や空き家・古家不動産投資の実績、本日の意気込みなどを簡単に説明してもらいます。

続いて、物件見学ツアー中の注意事項について事務局から説明があります。ツアーには、多い時で10名を超える大人数の移動となるため、単独行動の注意や事故・怪我につながる可能性の注意、また業者や近隣の方々への挨拶《あいさつ》や態度についても、ツアー出発前に参加者全員で共有するようにしております。

特に、売り物件先（物件前）での金額面（売買価格・リフォーム費・利回り）の話は、最低限のマナーとして控えてもらいます。

物件見学ツアーへ出発。車の中では貴重な話が満載

10名を超える大人数になると車3台での移動となります。参加者の中には、ベテランのプランナーから一般会員もいますので、運営スタッフは参加者のバランスを考えながら、意図を持ってどの車に乗ってもらうかを決定します。

たとえば、自己紹介の際に「私は初心者です」という方やプランナー候補の方であれば、空き家・古家不動産投資の専門的な話が勉強になるか判断し、理事の車に同席してもらうこともあります。

また、ベテランのプランナーや不動産投資の経験者の方であれば、再生士と一緒の車に同席してもらいます。リフォームについての注意や、見学した古家物件の解説などを、再生士から技術的な指導を受けるように、あらかじめ決めた状態で車の配置も考えています。

近隣の人たちへの注意と速やかな移動を徹底

大人数で一般歩道を歩いて移動していると、歩行者や自転車、車に迷惑になりそうな場面は多々あります。そのため、移動する際は先頭にスタッフ1名、最後尾にスタッフ1名を付けて、小距離の移動であったとしても最善の注意を払っています。また、売り物件の前に人だかりがあると、近隣の方もめずらしがって声をかけてくることもよくあります。その場合にも、運営スタッフが率先して笑顔で対応するように心がけています。

車の移動はスタッフのチームワークがとても大事

車3台、3チームでの移動ともなると、そのチームワークに1つの乱れも許されません。運営スタッフはグループチャットを設けて、常に最新情報や自分の現在地を共有する仕組みで連絡を取り合っています。

たとえば、車の渋滞状況や天気の状態によっては、急きょスケジュールを変更するなど、瞬時の判断が求められる場合もあります。また、参加者の疲労具合やテンションを見ながら、ツアー中に休憩もとります。その際には、気分転換にスタッフ同士で車を入れ替わり、雰囲気を整えたり調整を行います。

見学先の空き家・古家で投資シミュレーション

特にプランナーに課せられますが、もし、ご自身で物件を購入する場合は、どのような投資シミュレーションを立てるかなど、見学中に考えてもらうようにしています。たとえば、見学中の物件の家賃相場をインターネットで調べたり、収益物件にするためにリフォームはどのようにすれば良いかなど、古家再生投資プランナー認定オンライン講座®で学んだことを、物件見学ツアー中に実践してもらっています。

物件見学ツアーの終了

13時から始まるツアーでは、半日で4、5軒の売り物件と1軒の完成物件を見学して、18時頃に終了し帰社します（見学物件数はその時々により異なります）。事務所に戻ると、物件見学ツアーに初参加した方々からひと言もらっています。これは初参加された方の満足度を聞き、運営スタッフとして次回への改善につなげるために行っております。

物件見学ツアーで紹介した物件の投資シミュレーションを皆で復習

物件見学ツアーから戻ると、紹介した物件の投資シミュレーションをプランナーが中心となって復習します。

たとえば、1軒目に見学した物件の家賃相場をプランナーから聞き出します。次に、プランナーが求める利回りを年間家賃から割り戻します。そして、再生士が出したリフォームの内容と価格を提示してもらい、物件の総予算からリフォーム価格を引いて、買付額を算定します。

物件見学ツアーで紹介した物件は、プランナーに限り購入することができる

物件見学ツアーで紹介した物件は、プランナーに限り買付希望を出すことができます。これらの物件は、再生士が事前に調査したうえで選定した物件なので、すべての物件に可能性を秘めていることはプランナーも承知です。

ですので、1つの物件に人気が集まり、複数の買付希望者が重なる場合もあります。その際は、公平なジャッジをとるために「じゃんけん」か「クジ引き」にて購入者を決定します。「次はじゃんけんを練習してきます」と言って帰られた方もいます（かなり悔しかったようです）。

物件見学ツアー後の懇親会

物件見学ツアー後は懇親会を開催しております（地域によって異なります）。同じ目的や価値観を持った方同士で親睦《しんぼく》を深め、夢や希望、時には失敗談なども語り合います。空き家・古家不動産投資の経験者と未経験者の情報交換の場所でもあり、普段では知ることのないリフォームの技術やノウハウについての話も、再生士から聞くこともできます。また、事務局からも全古協の運営状況や、ほかの地域の情報などの話も受けたり、参加者にとって刺激になるような話で盛り上がります。

物件見学ツアーで紹介する物件の苦労と価値

前述の通り、物件見学ツアーで紹介する物件は、再生士が事前に調査したうえで、収益物件として「見込みがある」と判断した物件に限ります。その「見込みがある物件」を探し当てるために、再生士は3～5軒の現地調査を行い、やっと1軒該当する物件に出会えるかどうかの苦労があります。

物件見学ツアーで4～5軒を紹介するということは、実質的な事前調査は10～20軒以上行っています。物件見学ツアーの人気の秘密の裏には「選りすぐりの物件を提供している」事実が、プランナーの理解を得ています。

ステップ 2

空き家・古家物件を選定し、購入する

物件購入を決断する決め手……大熊

物件購入を決める決断は、利回りだけでいいのでしょうか？

物件を見てきれいだからでいいのでしょうか？

初めて不動産の購入を検討される方には、すべてがリスクに感じられるし、すべてに可能性を感じられると思います。

もちろん投資なのでリスクは必ずあります。そのリスク以上のメリットを感じられれば投資するという行動に移るわけですが、実際はそれほど論理的にはいきません。

物件見学ツアーに参加される方は、いきなり投資を始めるわけではありません。基本は私たちが主催するオンライン講座を受講されて、レポート提出して合格された「古家再生投資プランナー®」（以下、プランナー）という資格を取得します。いわば知識的にはしっかりとしていると私たちが認定した方になります。そこで初めて物件を見て、大家業のスタートをしようと考えるのです。

空き家・古家不動産投資は物件も特殊ながら、不動産業者を通じて物件案内をしてもらいづらく、なかなか1人で始めるのが大変だということもあります。それに、何より初めての不動産投資で失敗してほしくないということからも、まずはオンライン講座を受講していただき、知識を備えてから物件見学ツアーで実際の物件を見ていただくのです。

それでも最初はドキドキです。

物件見学ツアーの始まりは集合場所での自己紹介から始まります。そこで先輩会員の協議会内での実績などを聞くことになります。

「プランナーのNです。昨年から始めて半年で2軒購入し、1軒は入居済みで、もう1軒はリフォーム中です」

時には20代の方や主婦の方などもいますので、「あぁ、こういった方でも投資ができるのか。自分でもできるかもしれない」と思います。

そして、私は最初に初参加の方にいつもこう言っています。

「皆さん、オンライン講座で習ってもらったと思いますが、今から見る物件を実際に自分で試算してみてください。計算方法は、皆さんご存じですね。家賃を割り出し、自分の希望利回りで割り戻し、リフォーム費用を引くと購入金額になります。わからなくてもあてずっぽうでもいいし、同行する再生士に聞いてもいいです。とにかく自分で計算して出してみてください。最後に答え合わせをします」

その言葉で見学者から主体者に代わります。**空き家・古家物件見学ツアーは知識を得る場ではなく体験する場と位置付けている**からです。

そして、皆さんワクワクしながら物件を見学するのですが、初めての方は何もわかりません。

物件をどう見ていいのか？　緊張もあって何をしていいかわからないのです。

そういった時には我々が物件を見ながら解説していきます。

たとえば、「この玄関は木製だけどしっかりしているので、このまま使えそうですね……」「このキッチンは、まだ使えそうですね……」「もう給湯器は15年になるので取り換えたほうがよさそうですね……」といった感じです。

また、先輩会員*もいるので、「この天井なら何もしないでいいですよね？」「この浴

＊会員……古家再生投資プランナー®と同義語。

槽は塗装で大丈夫ですか?」など、我々に質問をしてきます。

そうした質問に再生士が答えているのを聞いているだけで、リフォームのポイントがわかるようになってきます。

移動の車の中では、周辺の賃貸状況などを話し、質問があれば家賃相場を伝えます。「この辺りの相場は戸建てで5万円くらいです。うまくいけば5・5万円が取れるかもしれません」と私が伝えると、ほかの人が「6万円は取れないですかね?」と質問してきたりします。

こうした場合、実際にあった例なども紹介して説明していきます。

「うーん……以前、この南側で購入された方は5・5万円+小型犬2匹5000円アップで6万円の実績はありますが、計算するときは5・5万円のほうがいいですね」

こうしたやり取りをしているのを聞くと、初めての方でもだんだんと購入イメージが湧いてきます。

時にはこんなやり取りもあります。

「この近くでテラスを買ったSさんは、なかなか入居者が付かなくて本人も心配していましたが、やっと半年で付きました。

そのSさんが言っていたのですが、あまりきれいな物件も考えものです。リフォーム予算が少ないので差別化がしにくくインパクトが少ない物件になりました。次は物件価格が安くリフォーム予算が大きいのにします」

「へぇ、そうなんですか？　具体的にどれくらいの数字ですか？」

「購入価格が200万円、リフォーム価格が80万円でした。4万円で貸しても17％の表面利回り*になりますね」

「それはいいですね」

「ただ半年の間ずっと心配していました」

私のその時のアドバイスは、相場家賃さえ間違えなければ必ず決まるということです。私も業者に自分の物件はボロすぎてただでも入居者は付きませんよと言われたこともありますが、それでも入居者を付けることができました。

「大丈夫です。それよりも、その間にいろいろなことを考え行動することが大家業のスキルを上げていくので頑張りましょう。Sさんは、実際にそうなりましたよ。Sさんは、この後いろいろなことを試して、多くのことを勉強できましたと言っていまし

＊表面利回り……年額家賃収入÷販売価格。空き家・古家再生物件の場合は、年間家賃収入÷（物件購入価格＋リフォーム費用）。

たから」

こうした話を聞くと、初めての方でも、**「何とかなるんだ。たしかにリスクはあるが自分で何とかできるんだ」**と思うようです。

だいたい不動産投資そのものが初めての方でも、このツアーに参加して2～4回目で実際に購入します。ただ、株やFXなど別の投資をしている人は購入するのは早い傾向にあります。やはりリスクを取るのに慣れているのでしょうね。

また、まれに超慎重な方もいました。

1年間物件見学ツアーに参加してまったく購入しないのです。私はたまりかねて「購入する気がないんですか？」と聞いてみました。

すると、「いえ、私は極度の心配性で、何をするにも石橋を叩いて渡るというか、決められないんです。しかし、決めました。理事長の話や皆さんの話を聞いているうちに物件やスキルの問題ではない。自分自身の生き方の問題なんだという気がしました。

私はしがないサラリーマンで、将来が心配で仕方がなかったんです。そんな時にインターネットで空き家・古家不動産投資の話を知って、これをやりたいと思いました。

しかし、何百万円ものお金を出してやる勇気がなくて……。

インターネットでこの全古協にたどり着いた時はすごくうれしくて、これで絶対将来の不安をなくすんだと意気揚々に参加しました。しかし、どうしても手を挙げることができなかったんです。いざその時になると、リスクばかりしか頭をよぎりません。でも、頭の中は古家でいっぱいになっている。

そんな時ふと気がついたんです。建物の状態・家賃などいろいろ考えては否定している自分は逃げているだけなんだと。この全古協での皆さんを見ていると、私はなんてムダなことをしているんだと思いました。将来の不安をなくすために来ているのに、今の不安を大切にしていたんです」

実際に話を聞いてみないとわからないものです。オンライン講座の受講で知識を身につけ、意気揚々と見学ツアーに参加する方ばかりではありません。

しかしこの方は、自身の決心通り次の物件見学ツアーで買付し、その後は水を得た魚のように2軒続けて購入しました。もちろん、将来の不安がなくなったのは言うまでもありません。

すでに区分マンションを所有しているAさんは、この空き家・古家不動産投資に興味を持ち、物件見学ツアーに参加しました。

「今まで自分なりに空き家を見て購入しようと、かなりの物件を見てきましたが結局購入できていません。最大の問題は工事額です。家賃やそのほかのことは何とかわかるんですが、工事額がどうしてもわからないので買付の勇気が出ないんです。

しかも、いい物件ほどその場で買付を入れないとほかの方に買われてしまいます。あきらめていたところに、この全古協を知って来るようになりました。再生士の方は、普通の工務店が知らない家賃や入居者のことも考えたリフォームをしてくれます。しかもやりすぎない。

すべてを完璧《かんぺき》にリフォームすればたしかにいいものには仕上がりますが、投資としての魅力がなくなります。その両方のバランスを取れるのが再生士ですよね。350軒を超える事例を持っているのも安心です。もう不安はありません。ドンドン購入することができます」

Aさんは、その日の物件見学ツアーで買付を入れ、その後自分で見つけてきた物件に再生士と同行調査してもらい2軒目を購入しました。現在3軒目を物色しています。

まずは、初めての方は大家業としての知識を身につける必要があります。できればオンライン講座のようなもので知識を身につけ、物件見学ツアーのように直接物件見学を体験し、先輩大家さんや専門の再生士のような方にアドバイスをもらって始めれば、失敗することもなくなります。

あとは少しの勇気だけです。

関東にも空き家・古家不動産投資の波が訪れている……大熊

全古協の本部は関西にありますが、一般社団法人として立ち上げてから、必然的に関東にも需要が出てきました。そのおかげで、初めは関西を中心に空き家・古家再生をしていたのですが、設立後すぐに全国規模になりました。

関東でも関西でも、ほか全国どこでも基本的に仕組みは同じです。

最初にセミナーにお越しいただいて、より具体的に空き家・古家再生投資に興味を持った方は、オンライン講座を受講して、その後物件見学ツアーに参加します。関東では関西に遅れて半年後に活動を開始しました。現在ではプランナーが30名になっています。その中の事例を紹介します。

最初にセミナーに参加したTさんは30代半ばの男性で、不動産投資の経験はまったくありませんでした。

ほかの参加者同様に不安を抱いて参加したが、それ以上に何か始めなければという思いと、その対象として不動産が良いのではないかというところまで絞り込み、さまざまな不動産投資の中で、空き家・古家再生投資を検討していました。

その理由はいくつかありますが、初期に必要な金額が小さいこと、利回りが良いこと、リフォームしだいで大きく物件の状態が変わることに楽しさを感じているということでした。

セミナー参加後にTさんと個別でお話をさせていただき、物件見学ツアーに何度でも参加したほうがいいこと、ほかの方が取り組んでいる事例を数多く確認し、業者任せや人任せ（今回の場合は我々）ではなく、自身で自信を持って判断ができるまで何度でもツアー体験をしたほうがいいことを伝えました。

物件見学ツアーでは、**実際に販売されている物件を複数見学します**が、その道中では、その前の物件見学ツアーですでに購入されている物件も見学します。

工事前、工事中、完成物件と状態はさまざまです。

Tさんが参加した物件見学ツアーでは、前回のツアーで購入した方の「購入直後物件」、いわゆるビフォー物件、前々回に売り物件だった「工事中物件」、さらに以前に紹介されていた「完成物件」といった具合に、時系列で物件のステータスが変異していく様を見てもらいました。

たとえば、Tさんが3カ月前に参加した物件見学ツアーで見ていた物件が、すでに「完成物件」になっていたり、その翌月の物件見学ツアーでは「入居決定物件」になっているといった具合です。

そうすると、実際には自分で買っていない物件なのですが、先輩のプランナーの方が購入、リフォームし、客付け*をした物件として、「いくらで買ったのか?」「工事費はいくらなのか?」「最終的にいくらの家賃、利回りになったのか?」を俯瞰《ふかん》するこ

＊客付け……入居付けと同意。売買の場合は購入者を指す場合がある。

とができるのです。

この体験を通じて、Tさんは4回目の物件見学ツアー参加の際には、合計で30軒ほどのさまざまな事例を、資料や写真でだけではなく実際に現地に行って、中に入って、触れて確認していますので目が肥《こ》えている状態となっています。

4回目の物件見学ツアー終了時には、「次に参加させてもらう時は、いい物件があれば買います」と自信に満ちた表情になっていました。そして、5回目に参加した際には実際に買付証明書*を提出し、物件を購入したのです。

1回目に参加した時は不安が多かったものが、回数をこなし、さまざまな事例を確認（経験）することによって、不安以上に期待を持って行動することができるようになるわけです。

全古協では、物件を購入することになった皆さんに事例共有をお願いしており、その点も団体で活動している利点になっています。

Tさんは、何度か物件見学ツアーに参加するにつれて、より具体的に空き家・古家再生投資をやってみようという気持ちを強く持っていきました。

＊買付証明書……売主と買主の間に住宅・不動産業者などを介する取引の場合、まずは自分のほうから、不動産物件の売主に対して購入希望の意思表示をする書類。

また、そうした過程で資金的な面でも相談するようになりました。

手持ちの資金は500万円。戸建てに限らず、不動産の場合は融資を利用してレバレッジを利かせることも利点ですが、投資初期であること、築40年以上のボロ家を対象とすることで物件購入時に融資を得がたい点や、融資特約*での買付の申し込みが購入交渉時のネックになることが多々あります。

それゆえに、物件自体は手持ちの現金で購入しなければならないこと、とはいえ、リフォームにおいては融資を利用できる可能性があることなど過去の事例を交えながらお伝えしました。

ただそうなると、たとえば400万円の物件を1棟買うと、リフォームで融資を利用したとしても、当面は1棟の物件購入しかできないということになります。Tさんは初期の段階で2棟の購入を目指したいと言っておりましたので、「それならば、物件の状態はより損傷が大きいですが、安価で手に入れられる物件に対象を絞る」ということになりました。

家賃からの逆算になりますが、全古協の関東支部がメインで活動しているエリアで

＊融資特約……融資が不可の場合は、不動産売買契約書を白紙に戻しましょうという特約。白紙解約なので契約時に支払っている手付金や仲介手数料も戻ってくる。

は、家賃が6万円前後という場合が多く、総額（物件購入費+リフォーム代金）が600万円以内でなければ、12%以上の利回りは望めません。

ここでいう400〜500万円という高い水準で購入する物件は、その分状態も比較的ダメージが少ないので安価なリフォームで仕上げることができます。

逆に100万円台などの安価な価格帯で購入できる物件は、ダメージも大きく、リフォーム費用が多くかかることになります。物件を400万円で買って100万円のリフォームを行うとなると1棟しか取得できませんが、200万円の物件を買って、300万円のリフォーム費用を融資でまかなうことにより、手元に300万円を残すことができます。

Tさんは、最初に250万円の物件を購入し、300万円のリフォームは融資を受けてその中でまかないました。そして、最初の1棟目の入居付けができたのちに、ほどなくして次の物件をまた250万円で購入し、300万円のリフォームも再度融資を受けることができました。

結果としては、500万円の手持ち資金で月額約12万円の家賃収入を得ることができたのです。

最初の物件の入居付けが終わった際、Tさんからこんな声をいただきました。

「最初の家賃の入金がありました。初めて全古協さんのオンライン講座を受けてから1年たたずに収益不動産を保有することができるとは思ってもいませんでした。これからも頑張ります！」

Tさんの経験や事例は、また次の初めて空き家・古家再生投資を考えているプランナーの糧となっています。

何を基準にして物件購入を検討していくのか……大熊

私たち全古協では、物件の購入の際の価格を家賃から逆算します。

（相場家賃×12カ月÷利回り＝物件総額）－リフォーム費用＝購入額

ここであなたはお気づきになりましたか？

実はこの式には販売額がありません。

通常、売主がつけた販売価格があり、そこから値引きをしてもらうなど検討するものです。しかし、収益として考えるなら、その物件でどれくらいの儲けが出るのかがすべてです。であるならば、収益率が一番の購入数字になるはずです。

何でもかんでも安く叩けばいいものではありません。あなたが長く大家業をしたい、成長する大家になりたいと思うなら、不動産業者との良好なお付き合いは欠かせません。

しかし、私たちもビジネスです。私たちの試算に合っていれば売値で購入、収益が合わなければ価格を抑えてもらうしかありません。それには根拠のある数字を出すことが大切です。

何度も言います。

「安く叩いてやろう！　とにかく安く買いたい」ではありません。

実際の購入する順序で解説しましょう。

不動産屋からくる物件資料には、「種目*、住所、価格、所在地、駅からの徒歩時間、

＊種目……不動産用語。マンション、戸建て、土地、店舗、事務所など不動産の種類をいう。

土地面積、建物面積、築年数、設備、備考」などがあります。そして、間取り図面がありま す。

まずは、地域と間取りを見て家賃相場を調べます。

調べ方はインターネットか不動産業者に電話で聞くか、不動産業者に訪問するかになります。

その際の注意は1軒だけだと偏った情報になる可能性があるので、3軒以上の業者に聞くことです。多ければ多いほどいい。その際、近隣の競合物件も調査します。条件としてリフォームは済ませると伝えてください（古いままで貸し出しするのではないことを認識しもらう。良く知った業者だとどれくらいのクオリティーのリフォームをするのかを知ってもらっているので、詳細な家賃が出ます）。

プランナーの方なら相談員や再生士に問い合わせることもできます。

次に工事額の算出です。

これは現地に行ってみるしかありません。内覧させてもらって、その場で工事費を出します。算出に要する時間は10〜15分くらいです。

時間が少ないと思われるでしょうが、これは**買付のスピードを上げることと不動産業者に余計な時間を取らせないこと**からです。ベテランになると、自分であらかたの工事額を算出できるようになりますが、経験の少ない方、もしくは自信のない方は、再生士と一緒に調査に行ってもらうことをお勧めします。

物件を買ってから「ここも工事をしないといけない」「こんなところが壊れている」などのリスクを減らすことができます。

家賃と工事額が出ていれば、冒頭の計算式に当てはめれば買付額が出ます。

次に利回りの基準です。

これは地域によって多少違いがあります。

関西では、13〜15%（10〜15坪）、関東・名古屋地域では、12〜14%（15〜25坪）が相場だと思ってください（現時点で）。

物件の違いでは、テラスや再建築不可*などは希望の利回りより1〜2%高くします。これはリスクを収益で補うからです。

駅から遠い、急な坂道があるなど条件の悪いものも1〜2%高くします。逆に駅の

＊再建築不可……現在の建築基準法で建物を建て直せない物件。たとえば建築物の敷地は、原則として幅員4m以上の（建築基準法上の）道路に間口が2m以上接していなければ、その土地に建物は建てられない。

すぐ近く、都市中心部に近い、評価額が高いなど条件のいいものは1～2％低くします。また、借地の場合は17％以上、時折20％以上の利回りが出せる物件もあります。利回りについては、多くの空き家・古家再生をやっている中で、経験から適度な利回りだと考えています。

利回りが高いということは、それだけリスクも高いということです。ですから、今示した以上の利回りを求めすぎると思わぬ落とし穴にはまる可能性が高くなります。

投資はバランスが大切です。

売主も不動産業者もすべてが納得いく利回りがこの辺りなのです。買い叩いて1人だけ得をしようとすると、そこには情報が集まりません。すると成長力が落ちてしまいます。それが長く大家業をして継続成長する秘訣《ひけつ》です。

■試算から即購入へ。1年半で7棟を所有するサラリーマン大家

前本さんは、大阪市内のサラリーマンで45歳の営業職です。株やFXをやっていたのですが、リスクが高いと考えて現物の不動産投資に変えようと勉強していました。

しかし、いきなり何千万円も投資する勇気も出ないし、どうも区分マンション投資のセミナーに行ってみてもピンとこなかったのです。

そこでHPで全古協を見つけ「これだ！」と思い、すぐに参加しました。

前本さんは、空き家・古家物件見学ツアー2回目の参加で買付を入れることになりました。もちろん初めて不動産投資をするので、手持ちの現金でなるべく価格を抑えたものが欲しいと考えていました。

そこで、物件見学ツアーで見た2軒目のテラスに注目しました。

「あのテラスどうでしょうか？」

「いいと思いますよ。駅からもそう遠くなく、裏が公園で明るいので、入居付けは難しくないと思います。試算はしましたか？」

「はい。家賃がテラスなので4万円、工事額は先ほど再生士の方に聞くと120万円と言っていましたので、年間家賃48万円、利回りを15％に設定してみました。計算すると320万円で、そこからリフォームの120万円を引くと200万円となります」

それを聞いて私は、販売価格は250万円でしたが、200万円で指値*をさせていただきました。結果は「220万円なら売却します」と売主さんから返事がきました。

それを言うと、前本さんは2つ返事で購入を決めました。ただし、私が買付を入れる前から前本さんに伝えていたことがあります。

「200万円で買付を入れますが、通らない場合にいくらなら売りたいとの返事がくる場合があります。その時のために、いくらまでなら購入するか考えておいてください」

「はい。わかりました。ただどれくらいが妥当なのでしょうか?」

「240万円なら14%の利回りになります。この物件は比較的条件がよく入居付けには困らないと思うので、そこまでならいいと思います」

「わかりました。そうします」

そんな会話をしていたので、売主から返事があった時にすぐに決めることができました。もし、そこで迷っていたらほかの方に話が流れたかもしれません。

常に早い判断をするには準備も大切です。

＊指値……不動産の買付金額。

その後、リフォームをして募集1カ月後には入居者も決まり、それが前本さんには自信になったようです。彼はその後、1年半で7軒の物件を購入しています。

利回り20%以上を叩き出す、たまに出るお宝物件……大熊

不動産物件で言われる「お宝物件」とはどういうものでしょうか?

利回り? 評価額の高いもの? 家賃の高いもの?

その前に、自分にとってのお宝物件とは何かを考えてみましょう。

人それぞれにお宝の意味合いは違います。たとえば、初めて物件購入する方なら、オーナーチェンジ*ですぐに家賃が入るものであれば、少しばかり利回りが落ちてもすぐに家賃が入るので実績をつくるには最適です。

12月に購入したとしても、確定申告ができて晴れて大家業実績1期目になります。

この確定申告は銀行に対しての信用として実績になるのでとても大切です。

同じ初心者の方でも勉強・経験をしたい方なら戸建てで便利な場所がいいでしょう。

＊オーナーチェンジ……105ページ脚注参照。

多少利回りが落ちても駅に近いほうがいいでしょう。経験もできて入居付けもそれほど難しくないからです。

また、同じ初心者でも、手持ちのお金がない方でもできるだけ安く購入できる、利回りの高い物件ということもあります。キャッシュフローを早く増やしたいという方にはお宝物件です。その場合は、テラスや小さな戸建てで、便利の悪いところや条件の悪いところがいいでしょう。なぜならば、利回りが高いのももちろんですが、条件の悪いものを再生した経験が自信につながり、これからの大家業の成長スピードがとても速くなるからです。

これは事実です。不動産の買える幅が広がるし、再生能力が高くなるので、利回りも良くなり売却する時も高く売れるようになるからです。

このように、**お宝物件とは人それぞれ違う**ことがわかります。まずは、今の自分に何が必要なのか考えることが大切です。

とはいえ、お宝物件での必須条件として「スピード」があります。

ある時、物件見学ツアーをしている前日の夜に情報が入ったことがあります。当然、スケジュールは前日には決まっているので、この情報物件はツアーの最後に急きょ入れました。

その物件の前に着いた時には辺りは真っ暗。電気もきていなかったので、真っ暗な建物の中にスマホの明かりだけで入りました。

中は動産でいっぱい。真っ暗なので足元もおぼつかない状態です。

しかし、ここでも慣れた会員の方はドンドン率先して入っていきます。真っ暗だし動産で見にくく、現場調査するには最悪の状態です。

そのような条件で、すぐに200万円で買付を入れたのです。

その根拠はこうです。前道は狭いですが、駅から7分くらいの立地で3階建て築30年。家賃は5万5000円なら固い。リフォーム額はその場で再生士が230万円と概算。すぐに利回りが15%を上回ることがわかりましたので、あとはスピードで勝負です。

昨日の夜に入ってきた物件情報なので、ほかの方がまだ見ていない。それなら買付が通る可能性が高くなります。結果的には翌日に買付が通りました。これで駅近くの高利回り物件が1日でき上がったのです。

もう1つ、お宝物件の事例があります。

ある日、全古協になじみの不動産業者から電話がありました。

「全古協さんは借地*も購入しますか？」

全古協の中には借地の事例もあり、会員の中には司法書士で借地を買っている方もいます。そこで私は答えました。

「はい。喜んで購入いたします」

それだけ伝えて現地調査を翌日に設定しました。すぐにメールでプランナーに案内を出し、同行する方を募集しました。平日でしかも前日での案内にもかかわらず3名の方が集まり、再生士と一緒に現場に行きました。

思っていたより家はしっかりしています。丁寧に使われている様子で内装もきれいな状態です。部屋数も多く差別化もあります。

といっても、築42年、それなりにリフォーム代はかかりそうです。場所も駅からは約15分。ですが、行政施設やスーパーなども近くにあり人気の地区です。貸し出すには問題のないところです。お宝物件になる匂いがします。

条件を付けて、すぐに買付希望しました（106ページ参照）。

＊借地……104ページ参照。

結果、買付額は早期に決まり、売主さんにもとても喜ばれました。そして、スピード買付&スピード契約で、なんと25%の利回りを得られることになったのです。

最後にもう1つ、めずらしい事例です。

不動産業者からすぐに見てほしい物件がありますと、電話の口調から売り急いでいる案件だとわかりました。

翌日に再生士を連れて現場調査です。その物件は築45年で状態は悪く、前道が細く再建築不可の物件。なかなか売りにくいのはすぐにわかりました。

再生士が出した工事額は250万円。駅から近いけれどその周辺は古い家ばかりでごちゃごちゃしています。家賃を高くするのは厳しい。よって6万円の家賃相場で計算しました。

(6万円×12=72万円÷15%〈再建築不可なので高めに利回りを計算します〉=480万円)－250万円=230万円の買付額になりました。

しかし、この買付額では通りませんでした。350万円なら売ってもいいということでした。しかし、その金額で計算すると12%の利回りです。再建築不可の物件では利回りが少なすぎます。

しかし、場所は悪くても近くの駅は大阪環状線の駅でした。なかなか出てくる物件ではありません。

そこで考えたのは「**民泊**」です。再度検討すると簡易宿泊所の許可も得られる地域です。

家賃は、民泊業者に聞くと20万円の宿泊料は取れそうです。運営業者の手数料20％を引いても16万円になります。その代わり、旅館仕様にする必要があるため工事費が400万円になります。

（16万円×12＝192万円）÷750万円＝25％

リスクはありますが悪くはありません。ここはチャレンジです。

結果的には、ほぼ予想通りの収支となり、2年後に1200万円で売却できたのです。

家賃設定が自分で算出できない人は失格！……三木

ステップ1の話の中で、物件見学ツアーのあとで家賃設定についての問答がありました。この家賃設定は、空き家・古家再生投資のキモになる重大ポイントの1つです。不動産投資なのですから、家賃収入がどれだけあるのかを最初に見極めないと一歩も進めません。

投資なのにリターン（家賃収入）を見極められないなんて問題外です。しかし、ここで失敗している不動産投資家がたくさんいます。

空き家・古家再生投資ではあまりないですが、普通のアパート・マンション投資の場合、満室入居で購入して、退去があっても次も同じ家賃で入ると思っている投資家が結構います。

しかし、私は業界の裏事情がわかっていますので、もっと冷静に見たほうがいいということを先にお伝えしておきます。

一般に不動産投資家向け物件の場合、家賃が高ければ高く売れるわけですから、売主側はより高い家賃で売りに出したいわけです。

そこで賃貸の客付け業者*に普段はあり得ないような高いリベートを払って（私の知

＊客付け業者……入居付けを行ってくれる不動産業者。

っている売主で家賃の6カ月分を広告料として支払う条件がありました。一般的な仲介の場合1〜2カ月の広告料というのが多い中、破格リベートです）、家賃も相場より2割は高かったのですが、すぐに満室になり売却しました。

しかし、売主は相当に無理して満室にしています。この満室物件を次に買った方は、一般的な広告料2カ月分、2割高くなっている家賃を設定しますが、入居者は付きません。逆に部屋は空いていくばかりです。

それでも買った人はこのことに気づいていないのです。業者にお任せで家賃相場さえ調べることをしなかったからです。

家賃相場などは、今ではインターネットのサイトで簡単に調べられます。

たとえば　HOME'S「見える！賃貸経営」（http://toushi.homes.co.jp/owner/）を使えば、あなたが購入したい物件周辺の家賃相場はもちろん、どれくらい人気エリアなのか、どの間取りが人気で空室率がどれくらいなのかなど簡単に調べることができるのです。

しかし、こんな初歩的なことさえ怠っている人がたくさんがいます。

2016年頃から、高額所得者、たとえば医者や外資系企業の社員の自己破産が急増しています。彼らは所得は高いので多額の融資で大きな物件を買ったのです。

このような方は本業も忙しく、物件を買うにもほとんど業者任せというあり様で、自分の物件の状況を十分に把握していませんでした。ですから、無理な家賃設定は短期間でたくさんの退去者を出してしまいます。

実際に入居者に退去されると、次の入居者がなかなか決まらないということで、空いた家賃の分の返済を自分の収入から補填《ほてん》するしかありません。ですが物件が大きいため、その補填額も膨大になり、ついに補いきれず破綻《はたん》してしまうのです。

自分の物件の家賃相場もわからない人は、投資家として最初から失格です。

ビジネスマンとして優秀だから、投資家として優秀であるかは別の問題です。

だからこそ物件見学ツアーでは、見学後にそれぞれの物件の適正家賃の検討会をします。これが本来の考え方だと思うのですが、最近は現状家賃だけ見て自分で調べない人が多すぎると思います。

何度かツアーを経験すると自然とそのエリアの適正家賃がわかってきます。どんな物件でもサイトだけだと立地条件や周辺環境、物件の良し悪しを見抜けません。しかし、現地でしっかり見てくるとどんどん目利きになっていくわけです。

前作の本では、あまり具体的なノウハウが書かれていないという感想をいただきましたが、経験もせずに本だけの知識で成功しようと思うほうが相当危険だと思います。私は多くの不動産投資家の成功者を輩出してきましたのでわかりますが、変に知識があることで踏み出せなくなったり、思い違いして失敗した人を見てきたからこそ、多少厳しいことを述べているのです。

いくら本にたくさん知識とノウハウを書いても、それは著者の自己満足にすぎません。それは同時に、読者の皆さんの成功にはつながらないのです。

本当の成功ノウハウは現場にあるのです。

古家再生時の表面利回りについて……三木

先ほどの例のように、買主がリスクを負ったことで高利回りになっていたり、貸方を変えたりという工夫があって利回りが上がっている場合はいいのですが、そうではなく、ただ単に表面利回りを20％、30％を売りにして、自分の古家再生を自慢するようなことが散見します。

しかし、高い利回りはすなわち、誰かが泣いているということです。

売主が安く買い叩かれたり、内装業者が泣かされていたり、家賃が相場より高くて賃借人に余計な負担をかけているなど、投資家に最大利益が出るということは、入居者に不利益を与えている可能性があるのです。

- **不満があるが、この家賃だからと我慢している。**
- **我慢させて住まわせると住宅を大切に扱ってくれない。**

結局、入居期間が短くなったり、退去時の修繕費用がかさむことになります。最終的には儲からなかったという結果に！

賃貸人の利回りだけ意識すればどこかにしわ寄せがいっています。

全古協では、不動産に関わるすべての人に喜ばれることを前提にビジネスを考えています。ただ利回りや利益を貪《むさぼ》ることが善だとは思っていません。

売主、買主、業者、入居者すべての人がＷＩＮ‐ＷＩＮになる関係から考えると、現在のところ12〜15％の表面利回りが適切だと思っています。

長くこのビジネスを続けていきたい人は、**一時の利益だけにとらわれず、周りの人々が成り立ち継続する関係が大切**です。

搾取するような自分だけのビジネスは長続きしないでしょう。

また、一般的なアパート・マンション経営と異なり、共有部分の維持管理にかかる手間やコストはかかりませんので、表面利回りがほぼ実質利回りになる点が、一般的な空き家・古家不動産投資のやりやすい点です。

空き家・古家物件購入の際のポイント……大熊

まずは97ページ上の図を見てください。

都市中心部では当然のことながら土地は高くなります。家賃も同じように高くなります。

郊外に行くほど土地値も家賃も下がります。しかし、落ち幅が違います。土地は3分の1や5分の1になることもあります。それに対して家賃は、同じようには落ちません。都市中心部の家賃と郊外の家賃を比較しても半分になることはありません。下げても2割から3割です。

97ページ下の図は、都心部の路線価と郊外の路線価、都心部の家賃と郊外の家賃を実際に調べたものです。

土地値は、2分の1から5分の1になっていますが、家賃は2~3割減にとどまっています。

これが空き家・古家再生投資のポイントです。

建物は築40年であれば価値としてはほとんどありませんので、価値自体も変わりません。

あとは土地の問題です。

安い土地で家賃はそれほど安くならない地域を選ぶことです。実際に98ページ上の図のように、私たちが再生している地域もそういった傾向にあります。

そして、そういったエリアは各駅にもあります。駅前の土地は高いけれども駅から離れていくことにより土地値は下がりますが、家賃は下がらないのです。

98ページ下の図を見てわかる通り、沿線に沿って物件エリアが広がっています。

最後に99ページの表を見てください。

生活保護の住宅扶助（家賃補助）の表です。この制度が家賃の下げ止まりを起こしています。実は空き家・古家再生は、このゾーンの家賃帯から少し上のゾーンをターゲットにしています。

低所得者にこそ低家賃で広くて住みやすい住居を提供する必要があるのです。

ポイント1　土地値と家賃

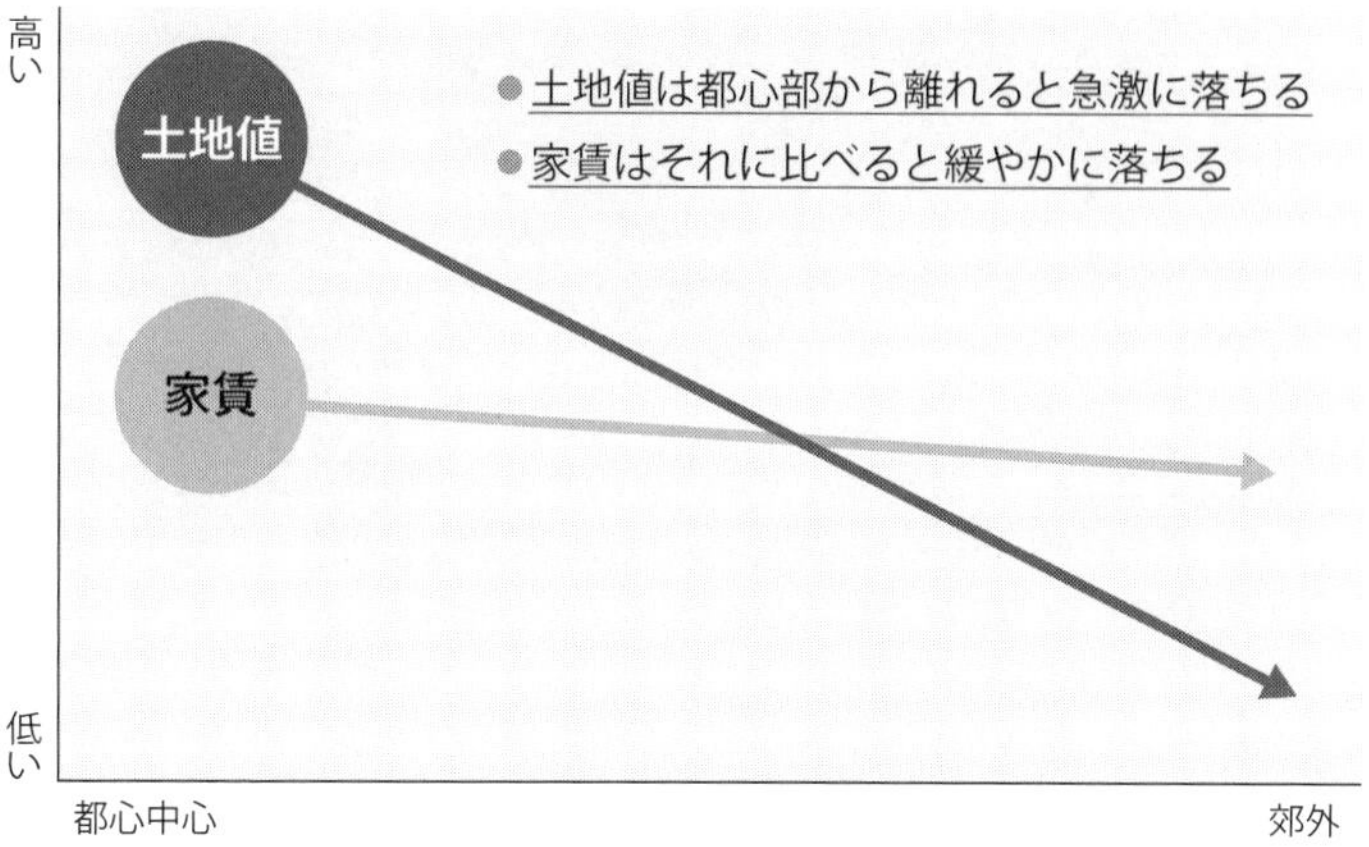
高い
低い
土地値
家賃
●土地値は都心部から離れると急激に落ちる
●家賃はそれに比べると緩やかに落ちる
都心中心
郊外

実際の路線価の比較

大阪府大阪市天王寺区上本町6丁目　固定資産税路線価 20～30万円

東大阪市岩田町1丁目　固定資産税路線価 6万～10万円

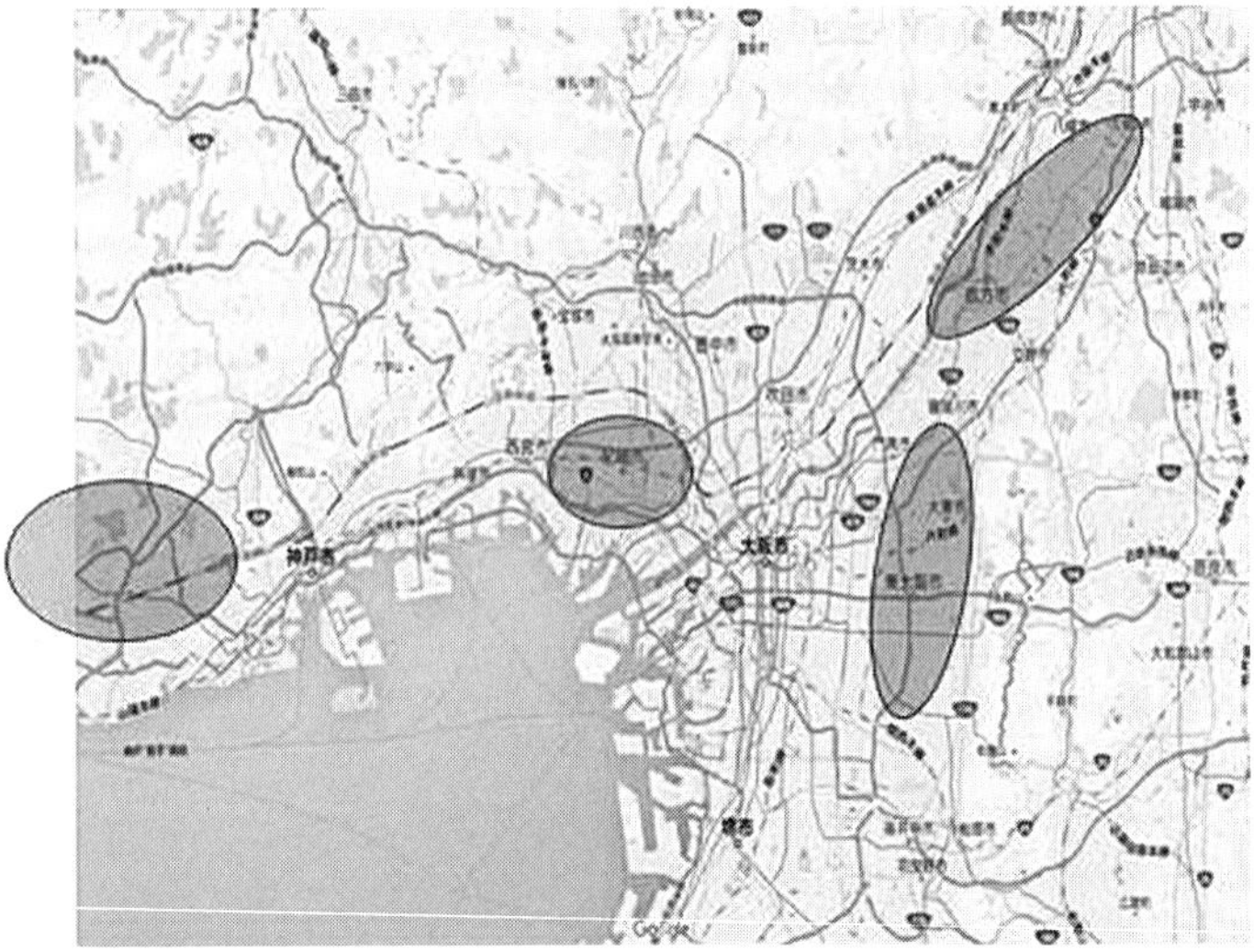

〈地図１〉↑　　〈地図２〉↓

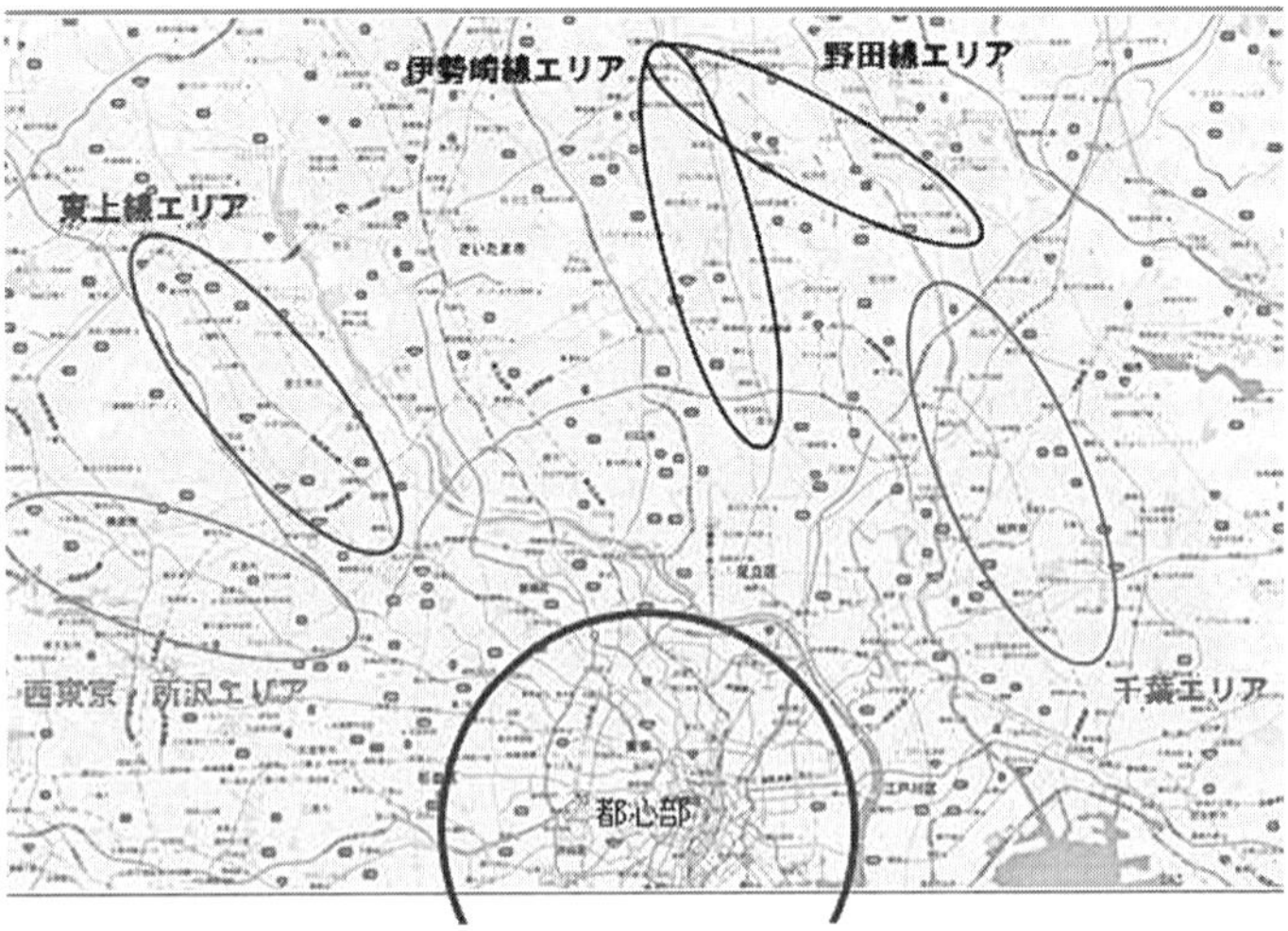

ポイント2　家賃は下げ止まる

大阪府級地

1級地―1
大阪市　堺市　豊中市　池田市　吹田市　高槻市　守口市　枚方市
茨木市　八尾市　寝屋川市　松原市　大東市

1級地―2
岸和田市　泉大津市　貝塚市　和泉市　高石市　藤井寺市　四條畷市
交野市　泉北郡　忠岡町

2級地―1
泉佐野市　富田林市　河内長野市　柏原市　羽曳野市　泉南市
大阪狭山市　三島郡　島本町　泉南郡　熊取町　田尻町

3級地―1
阪南市　豊能郡　豊能町　能勢町　泉南郡　岬町

大東市の住宅扶助額上限額（家賃扶助）

1級地	1人	……	39,000円
	2人	……	47,000円
	3人～5人	……	51,000円
	6人	……	55,000円
	7人以上	……	61,000円
2級地	1人	……	38,000円
	2人	……	46,000円
	3人～5人	……	49,000円
	6人	……	53,000円
	7人以上		59,000円
3級地	1人	……	29,000円
	2人	……	35,000円
	3人～5人	……	38,000円
	6人	……	41,000円
	7人以上	……	45,000円

（注：地域、自治体によって異なります）

物件購入の際に気をつけなければいけないこと……三木

最近では、不動産の一般サイトにもかなり安い100万円、200万円という値段のついた空き家や古家が掲載されるようになってきました。

パッと見ればとても安くて、これだけ安ければ損はないだろうと、何の根拠もなく買ってしまい、あとで私のところに相談に来る人たちがたくさんいます。

そもそも、自分の直感だけで合理的な根拠もなく物件を買ってしまう心理は、まるでバーゲンで自分には似合わない服なのに安いから買っておくというような安易な意思決定です。

たしかに、不動産としては安い感じですが、空き家・古家不動産はなり振りかまわず買うようなものではありません。

結果、根拠もなく安いと思って買ってしまい、リフォーム業者の見積もりを見てびっくり！

もう取り返しがつかないババ*物件だったと、その時に気づくわけです。

＊ババ物件……カードゲームのババ抜きに由来する、一般的に不良な市場価値の低い物件。

それでも、そのまま転売できればいいですが、ほとんどの場合、今のままでは売却できず、無理やり高額のリフォームをして賃貸転用で売却機会を考えます。しかし、ほとんど貸していても利回りも出ない維持するだけの物件になっている人がたくさんいるのです。

なぜこんなことが起きるのでしょうか？

まず、**物件の資料だけで飛びついて、しっかりと現場で物件を見ていない**というのが大きな原因です。

少なくとも、工事業者などの専門家を連れて行って、いったい工事費がいくらくらいかかるかの概算だけでもつかんでから購入の意思決定をするべきなのに、このような人にかぎって非常に楽観的な工事見積もりで判断してしまうのです。

リフォーム代も200万円もあればきれいになるだろうと考えてしまい、実際には400万円の見積もりがきてびっくりしてしまうパターンです。

まずは、空き家・古家は思った以上にリフォーム費用がかさむものだと思って、できれば工事業者を連れて行きましょう。ここで手を抜くとあとで大変です。

その次に賃貸に転用するのであれば、**周辺の家賃相場くらいは調べておく**必要があります。今ではインターネットで調べられるのですから、家賃相場は事前に知っておくべきです。

そうして、工事代と家賃からの想定利回りを割り出して購入金額を算定し、購入するかどうかを判断しましょう。

たとえば、工事業者のリフォーム費用が200万円だとします。事前に調べた想定家賃は月5万円（年間60万円）で、賃貸転用後の想定利回りを12〜15％に設定したとすると、

60万÷12％＝500万円
60万÷15％＝400万円

となります。この数字からリフォームも終えた物件総額は400〜500万円までに抑えなければなりません。そうすると購入価格は、

400万円－200万円（リフォーム代）＝200万円（利回り15％）
500万円－200万円（リフォーム代）＝300万円（利回り12％）

となるので、物件購入金額は200～300万円でないと、とうてい採算が合わないということになります。

業者の売値が400万円だったとしても、このような根拠から400万円の売値に惑わされることなく、その金額予算内で交渉しないとダメなのです。

この値段で買えなければ、いくらその物件が欲しくてもあきらめることが大切です。

古家再生投資の裏技！ 借地投資！……大熊

借地の不動産とは、別の人が土地を持っていて建物だけを買う物件のことです。

借地の不動産は、普通買いません（特に不動産業者は）。理由は、資産価値が低いため売却しにくいからです。

でも、そこは考え方です。

築古不動産投資、空き家・古家不動産投資の考え方は、リスク分安く買うことです。

雨漏りがあったら安くしてもらう、床がユルユルだったら安くしてもらう、動産や荷物がぐちゃぐちゃに残っていたら、その片づける分を安くしてもらう……。

この考え方は、借地も同じです。

当然、資産価値が低い分、また売却が難しい分、安く買います。

借地の不動産はそれだけなのです。

では、どれくらい安く買えばいいのか？

物件にもよりますが、利回り20％以上が目安です。

場所が良いところや、入居者に困らないところであれば18％を目安にしてもいいでしょう。そのくらい高い利回りであれば、短期の回収ができます。売却せずともしっかりとキャッシュを稼いでくれるのであればいいのです。

では、借地の不動産の利回りの計算の仕方について見てみましょう。

利回りの計算は、家賃からの逆算で算出します。相場家賃から利回りを割り戻し、リフォーム額を引くことで買付価格、買ってもいい価格が出ます。

利回りが高いと、オーナーチェンジ*（売却）することができます。

ただし、注意が必要です。売買するときには地主さんの了承がいるのです。勝手に取引をしてあとから認めないと言われたら大変なことになります。そこは同意書などを取っておきます。契約・決済の時にも慎重な対応が必要です。

それと地主さんとの契約書も確認します。土地の賃料がわからなければ、そもそも利回りも計算できません。家の名義変更する時の金額もその契約書に明記されています。

多くの場合、古家・空き家（10～15坪の場合）は、30～60万円くらいが多いようです（大阪の事例）。これは場所によって大きく変わるので、しっかりと確認することが必要です。

もちろんリスクもあります。それは、空き室が続いた場合でも地代は払い続けないといけないということです。さらに、契約上資産にはなりません。担保価値はないということです（万が一、地主から買ってほしいと言われたら所有権を得られる可能性もあります）。

実際にあった事例をもとに借地権の物件取得価格を計算してみましょう。

＊オーナーチェンジ……賃貸住宅の所有者が入居者の入ったままの状態で、その住宅を売却すること。全古協ではプランナー同士のオーナーチェンジがあり、物件のクオリティーが統一されていることや入居者の情報などが開示されているので、安心して取引ができる。

名義変更料：30万円
地代：８０００円
工事額：１８０万円
想定家賃：５万５０００円

計算式は、
（5万５０００円×12カ月＝66万円）－（土地代：８０００円×12カ月＝９万６０００円）＝56万４０００円
総物件価格＝56万４０００円÷（利回り：20％）＝２８２万円
物件購入価格＝２８２万円－１８０万円（リフォーム代）－30万円（名義変更料）＝72万円

これが買ってもいい金額になります。実際にどうなったかと言うと、物件価格50万円、家賃5万８０００円、工事費60万円、利回り25％というお宝物件となったのです。

この数字を見ると、借地の不動産投資もワクワクしてきます。ワクワクするようなすごい数字を叩き出せるのが築古・空き家の借地物件です。しかし、こうした知識やノウハウを教えてくれる仲間がいないとリスクを把握しにくく、買いにくいのも事実です。

なぜ相続した家を売りたくても売れないのか……大熊

「相続した家を売りたいと思っていても売れない」ということがあります。このまま空き家にしたままでは、固定資産税だけを支払わなければならないし、何より今後も誰も住まない家を放置しておけば、いずれ多額の解体費用もかかります。

全古協にも、**「相続した家を賃貸にできないだろうか？」「家を売れないだろうか？」**という相談が数多くきます。

しかし、そもそも中古不動産に相場なんてありません。

売れないのは買い手がいないからでしょうか？

希望の金額で買い取ってもらえないということでしょうか？

特に戸建ては個々の状況が違うので、価格の振れ幅が大きく、ましてや、見た目に古く・汚い・小さいなど、築40年ぐらいの物件となると、売り物にならない場合が多いのです。

いくら安く売ったとしても、購入者にとっては、「この家は、どれくらいきれいになるのか？」「きれいにするには、費用がどれくらいかかるのか？」ということがわからなければ購入判断ができません。

わからないということは、購入意欲もなくなります。ほとんどの場合、よほど何か理由がないと（条件が一致しなければ）、中古不動産は売れないのです。

全古協に相談してきたAさんも、リフォームのお金を出すのがイヤだったので売却しようと検討していましたが、売れない状態が1年続いていました。でも、1年が経過した時、買付が入ったのです。

その時、Aさんはとても驚いたそうです。買付金額のあまりの安さに……。

　また、別の方ですが、最初は売却しようと考えていた物件が思うように売れず、1年たったあとに、「賃貸住宅にしたいのですが、お願いできますか？」と相談に来た方もいました。

　1年間、何の手入れもせず放置した建物の傷みは思っている以上にひどい。ここで言えるのは、1年間何もせず放置するということは、私たちからすると**賃貸住宅にしなかったことで1年間の家賃収入が減った**と言えるのです。

　売却、賃貸の判断は早めにすることが大切です。

　実際に何もしないで、放置していると、あなたが思うよりずっと早く家が傷みます（111ページ参照）。

　普段から、こまめに空気の入れ替えや掃除や庭の手入れなどをしていれば、少しは傷むスピードを抑えられますが、手入れをしなければ、かなり早いスピードで、悲惨な状態になります。

　また、匂いや崩落などで近所に迷惑をかけることにもなりかねません。

それだけではありません。こんなことはあってはいけないのですが、人に危害を与えることにもつながる可能性があります。新聞で、空き家が犯罪に使われていたなどの記事も目にすることがあります。放置していれば、犯罪に巻き込まれる可能性もあり得るのです。

極端な例をお伝えしましたが、たとえ何も起こらなくても、近隣の人は空き家があって喜ぶ人は1人もいません。本当に、空き家にしておくことは何ひとつ良いことはありません。

相続した家を空き家にしたくないなら、やはり賃貸化がお勧めです。

売却は、希望する価格ですぐに売れるのであれば（売れる目処があるなら）売却してもかまいませんが、せっかくの資産を売却するのは、やはり私はお勧めしません。

もし私に、「売却と賃貸のどちらが良いですか？」とお聞きになるのであれば、間違いなく私はこう答えます。

「賃貸化しましょう！」と。

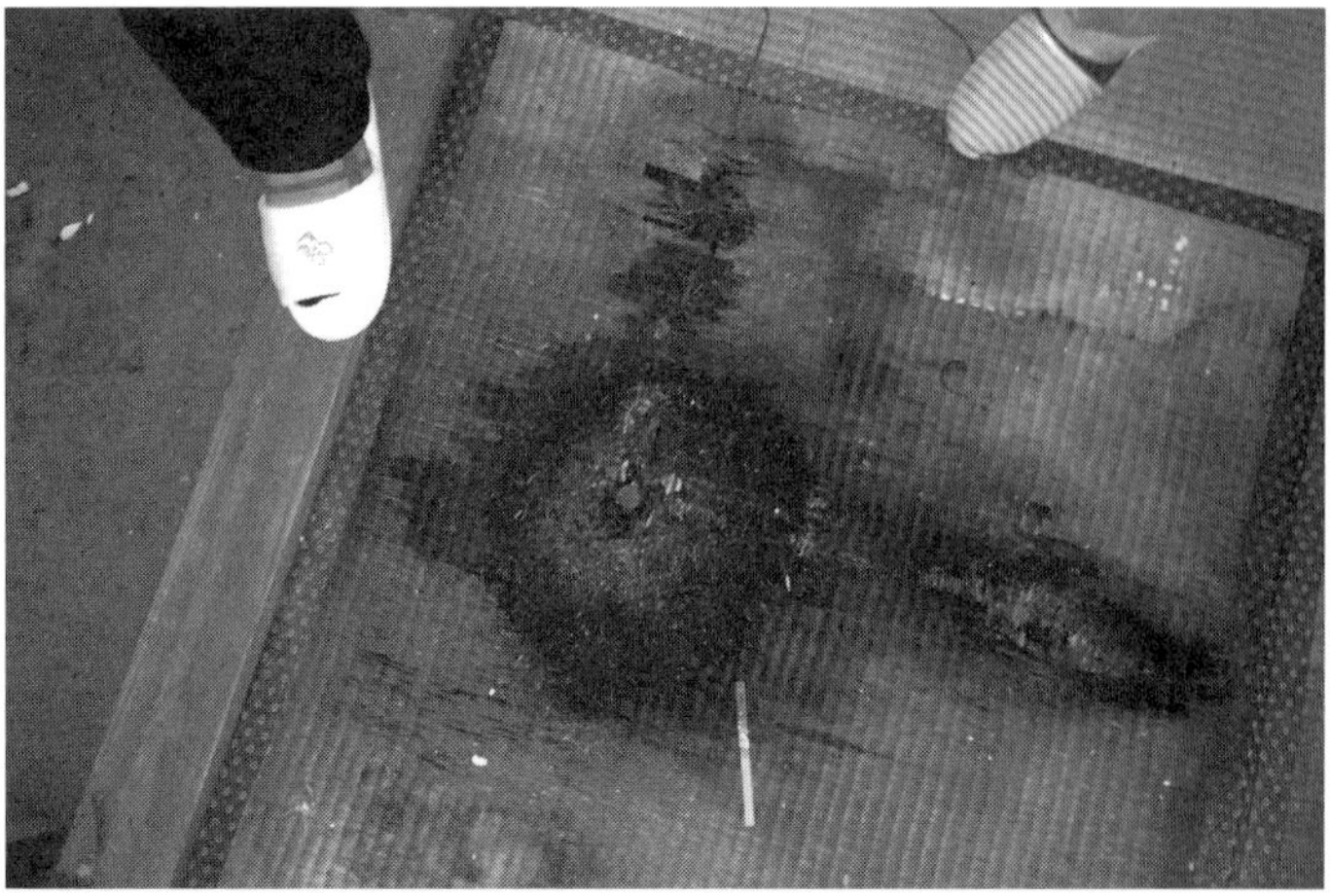
雨漏りを放置したままで、畳どころか床までボロボロの状態。

なぜ私が、ここまで賃貸化を押すのかと言うと……。

賃貸化すれば、地域貢献と自分の資産形成・収益化を同時に行うことができるからです。

賃貸化するには時間はかかりません。工事期間のみです。しかし、売却だとうまくいけばすぐに売れますが、先ほどの例のように1年以上、もしくは数年かかる場合もあります。

しかもその間、何があるかわかりません。賃貸化ならば、家賃収入は継続して住んでいただければ貴重な収入になるでしょう。

さらに、次の2つも重要です。

●先祖の資産を生かすことができる。
●ほとんどの人が経験できない大家業を経験できる。

大家業は、誰でもができることではありません。この大家業を経験できるということは、人生の中でも楽しくとても貴重な経験になるはずです。

ただし、相続した実家を賃貸化する時には、注意が必要です。

賃貸化と言っていますが、どんな物件でも何でもかんでも「はい。入居者募集中です」というように、すぐに賃貸物件になるわけではありません。

賃貸にするには、いろいろとマーケティングは必要になってきます。

●賃貸住宅の需要があるか？
●相場家賃はどれくらいなのか？
●競合物件はどうか？

など、戦略的に考えなければなりません。そのほかにも、

- 物件自体に大きな欠陥はないか？（躯体《くたい》そのものが軟弱・改修できない傾きなど修理ができない、または多額の費用がかかる）
- そのうえで、どれくらいの投資回収年数なのか？
- 利回りはどうか？
- 借入ができるのか？
- どんな工事業者を選ぶのか？

などの判断も必要となります。

どんな工事業者を選ぶのかは、そもそも賃貸住宅を専門とする工事業者はあまりありません。さらに、戸建て専門となるとほとんどないと思います。

中古戸建てで賃貸住宅のことをよく理解している業者を探し、そこにリフォームをお願いすることが大切です。また、その際は、**最低でも実績が１００軒は超えていること、できれば３００軒くらいの実績がある工事業者を選ぶこと**をお勧めします。

なぜなら、賃貸住宅のリフォームはきれいにリフォームをすることを目的とするのではなく、高い利回りを得ながら初期投資の費用を早く回収でき、入居者をすぐに獲得することが目的だからです。

優良な工事業者かを選定する効果的な質問方法があります。工事を依頼する業者に、その場所の家賃相場を聞いてみてください。答えられれば信頼できる業者です。相続した家を賃貸物件にするには、他人に丸投げしてはいけません。まず自分自身で正しい知識を得ることも大切です。

ちなみに、戸建ての賃貸化は、これからの不動産投資の練習にも最適です。というのも、１棟マンションや都市型の高額区分マンション投資の場合、初期費用がとても高く絶対に失敗できません。しかし、戸建て投資の場合、というより相続の賃貸化の場合は、初期投資がリフォーム費用だけ。

初期投資がリフォーム費用だけということは、おわかりの通り、とても少額の投資で始めることが可能なのです。私からすると、物件を持っているということは、とても羨ましいかぎりです。

空き家・古家不動産投資がいくら少額だといっても、最低でも400万円以上（物件購入費＋リフォーム費）は必要です。相続した物件なら、リフォーム費用のみで大家になれます。おおよそ半分の値段で始められます。

実際に全古協のオンライン講座で勉強された方の中にも、相続物件から投資を始めた方も多くいます。たった1軒から始まった大家業ですが、今では数戸の物件を保有される不動産オーナーに成長しています。

もし今、あなたが家を相続していて活用方法に悩んでいるなら、こんなチャンスは2度とありません。ぜひ投資を始めてみてください。

驚愕の〝表面利回り15・6％〟の「オーナーチェンジ」物件……大熊

30代のMさんは、現在マンションの不動産経営をしている大家経験者です。

Mさんは、過去に「1軒の空き室」から大きな失敗を経験して、不動産業について改めて勉強し直すと決意しました。そんな時期に、大家仲間の紹介で全古協の存在を

モダンでおしゃれな和のテイストにリフォーム。

知り、「古家投資説明会」に参加するきっかけとなりました。

全古協が対象とする不動産は「古家の戸建て」です。

Mさんは説明会で紹介される「古家再生の成功事例」や「表面利回り15％平均」の実績に驚愕《きょうがく》しました。と同時に、説明会の最中は、ずっと古家再生への可能性を感じていました。

すぐにでも空き家・古家不動産投資がしたいという思いは十二分にありながらも、当時不動産を購入する資金はまったくありませんでした。そんな複雑な心境を、正直に全古協の講師に相談すると、「融資のサポート」もしてくれると言うので、２つ返事でお願いすることにしました。

そこで、プランナーから「オーナーチェンジ」の物件の紹介を受けました。1軒は平屋1DK。もう1軒は2階建て3DK連棟のテラスです。

物件情報では、駅から5分以内の場所にある立地の良い物件とあったので、さっそく申し込み、物件の確認に向かいました。

紹介を受ける物件は、「古家再生専門のリフォーム業者」（古家再生士®）がついていると聞いていました。再生したリフォーム物件は、予想をはるかに上回るクオリティーです。

「とにかくおしゃれ」「和のテイストを駆使したモダンな空間」「家賃の割に仕上がりが良い」など、このリフォーム技術であれば「たとえ入居者が退去したとしても、またすぐに決まるだろう」と、勝手な想像から自信にもつながったのです。

【Mさんの感想&物件情報】

大家業で一番大切なことは「人とのつながり・仲間」だと思います。

過去に私が失敗した時期も、優しく、時に厳しく接してくれる仲間がいました。

今回も全古協を紹介してくれた仲間がいます。資金がない私に、融資の相談を快く受けてくださった全古協の専門員*がいらっしゃいました。

これからも仲間との信頼関係を大切に、大家業を続けていきたいと思います。

物件情報：大阪市東淀川区「テラス平屋」
物件購入費：300万円
家賃：3万9000円
表面利回り：15・6％

空き家・古家不動産投資、実践者のアンケート

【物件情報】

購入した物件概要→物件の売却経緯 前オーナーがリフォーム途中で断念

埼玉県入間郡三芳町 鶴瀬駅から徒歩25分 築46年

＊専門員……全古協認定のアドバイザー。

物件購入費２５０万円
工事費：３３０万円
工事概要：アメリカンミッドセンチュリー
家賃：５万５０００円
表面利回り：10％
入居確定までの期間：募集開始後１・５カ月
入居者からの声：唯一無二のデザインにひと目惚《ぼ》れし、ほぼ確定していた賃貸物件を断り入居してくれた。

①いろいろ投資がある中で、なぜ空き家・古家不動産投資を選んだのですか？
少ない資金で始められ低リスクだから。投資することで空き家問題にも貢献できるから。

②初めて空き家・古家投資を体験された時、正直、どんな印象を受けましたか？
想像以上に汚く、臭く、怖かった。こんなボロ家を再生するのにいくらかかる

のか見当がつかなくて不安になった。

③空き家・古家再生投資をすると決意したうえで不安だったこと、懸念したことは何ですか?

リフォームをどこまで実施すれば良いのか、そしていくらかかるのか。このエリアで本当に入居者さんが見つかるのかどうか。

④空き家・古家を「購入しよう!」と決め手となった瞬間はありますか?

物件に出会った時のインスピレーションと、今日こそは何としても買うぞという強い決意。

⑤実際に空き家・古家再生投資をやってみて(購入してみて)どうでしたか?

物件探しから家賃が発生するまで自分でやらなければならないことがたくさんあり、しかも初めてのことばかりでしんどかった。しかし、古家再生士の方やツアーで出会った仲間からの助言や励ましのおかげで、楽しく最後までたどり着くことができた。また、古家再生事業に関わることで自分自身が成長すると確信したので、今後も目標達成に向け、皆さんの助言を素直に受け入れまい進していきたい。

⑥これからの資産形成をどう考えていますか?

目標とする数字を達成するため日々研究する。特に情報収集、融資先の開拓、コスト削減。社会に貢献しつつ資産を増やしていけたらうれしい。

ステップ 3

古くても
魅力的な物件に変える
格安リフォーム術

空き家・古家のリフォームとは？……大熊

そもそも、空き家・古家のリフォームはどのようなものがいいのでしょうか？

日本の工務店・建築業者は新築依存で、政府の政策もあり、新築を建てることを業として、その下に多数の下請け業者を抱える構造になっています。

新築の先行き不安から、最近ではリフォームの宣伝も多くなっていますが、まだまだその構造は変わっていません。そのうえ、持ち家志向の強い日本では賃貸住宅を扱う業者も少ないというのが現状です。アパート・マンションはまだありますが、こと戸建てとなると賃貸はほとんどありません。

以上のことにより、**戸建ての貸家を工事（リフォーム）する業者はほとんどないと**言っていいでしょう。

「そんなことないでしょう。『何でもリフォームします』と宣伝している業者は多数ある！」と言われるかもしれません。

でも、考えてみてください。

何でも得意な業者は、言ってしまえば何もできないのです。営業トークとして使われているか、単純に下請けに任すだけなのです。信じられないなら、知り合いの工務店に聞いてみてください。「この辺りの家賃相場を知っていますか?」と。

今まで多くの工事業者さんとお会いしましたが、いまだに正確に答えられた人はいません。

そうです。私たちが行ってほしい工事とは、〝賃貸住宅の戸建てのリフォーム〟なのです。その工事業者がそもそも家賃相場を知らなければ、どういった工事をすればいいかわかるはずないのです。

もちろんオーナーがすべて指示できるなら問題ありませんが、なかなかそこまで勉強する機会も時間もありません。

そこで全古協では、〝古家戸建て賃貸の専門家〟を教育してつくることにしました。そして、全古協が古家再生士®(認定工事会社)として認定し、大家さんに安心して投資してもらえるような環境づくりをしたのです。また、全古協は再生士を増やすことで、全国の空き家をなくすということを旨としたのです。

空き家・古家不動産投資ではリフォーム工事の費用を必ず削減する……三木

リフォームについて、まずあなたに質問です。

リフォーム費用の多くは何にかかっているでしょうか?

おそらく多くの人が「材料費」と答えるのではないでしょうか。

しかし、リフォーム代で一番コストがかかるのは材料費ではなく**「人件費」**なのです。

つまり、空き家・古家不動産投資においては、いかにリフォーム代＝人件費を節約するかで工事コストが変わってきます。

そこで大家さんが自らやるセルフリフォーム（DIY＝Do It Yourself）が流行しています（この話は180ページでお話しします）。

この項では、工事会社を使ってリフォームする場合について少し解説しましょう。

ここで念頭に置いてほしいのが、リフォーム工事をしてくれる職人さんが、専門的に1つの工事をするのではなく、さまざまな工事ができる人を選ぶことがコツです。

一般に建設業界は、さまざまに細分化された専門の職人さんによって作業が行われます。そのため、小さな物件でも工程数において職人の数は変わりません。

実際に、小さな工事でもたくさんの職人が関わっています。たとえば、キッチンを移設しようとすると次のような職人が関わります。

キッチンを置くスペースをつくる大工さん、次に水道、排水管をつくる配管工さん、キッチンを設置配管する設備業者さん、コンロ面の部分にタイルを貼る左官屋さん、キッチン周りの内装（クロス張り等）屋さん、キッチン周りのデザインのためペンキ屋さん、ガスコンロや食器洗浄器をつなぐガス屋さん、照明や換気扇などを取り付ける電気屋さん……ほかにもキッチンにこだわると（アイランドキッチン等）*、またまた大工さんの工事が入ります。

一般的なキッチンを設置するのにこれだけの職人さんが関わり、それぞれに人件費がかかるわけです。

普通、半日仕事でも1人の職人さんで1万円はかかります。そうすると、キッチン

＊アイランドキッチン……キッチンが部屋の中央に位置し、開放感があり、家族や友人とのコミュニケーションが取りやすいキッチンスタイル。

の工事費だけ9職工分9万円かかることになります。

1日で終わる仕事内容ですが、ただし全員が同時に揃えばの話です。

一方、ガス工事だけは特殊でガス屋さんしかできません。ほかの工事で言えば、内装は職人さん1人でできる人がいれば、数人必要な場合があります。もちろん内装工事は、無理をすれば1日でできます。

こうした工事を、もし1人の職人さんに頼めれば、たとえその人に日当2万円を払っても、なんと工事費用は3分の1で済むのです。


このように1人の職人さんで多機能に仕事をしてくれる人がいれば、実は工事の費用も日数も削減できるわけです。

もしお願いする工務店や職人さんが器用な人なら、そのほうが結局は費用も安くつくということです。ここを見極めると効率のいいリフォームができます。

前著でも紹介しましたが、古家再生・リフォームの専門業者の「株式会社カラーズバリュー」*は、まさにこのような会社で、1人の工事人さんが、ペンキ塗り、クロス張り、大工仕事など多機能に工事ができます。

＊株式会社カラーズバリュー……全古協認定工事会社で全国の古家再生士®の教育機関でもある。

この会社では、もともと社長さんが町工場の職人教育のように1人多能工で、職人さんに内装現場の勉強をさせたことで、建築業界の常識を破った内装手法が生まれました。

すべて1人でというのはかなり特殊ですが、**さまざまな内装工事をしてくれる方、または会社を見つけることが工事費削減のコツ**です。

リフォームを安くするには中古戸建てリフォームの専門家が必要……大熊

リフォームの平均価格は地域によって差はありますが、おおよそ200万円と設定しています。安いもので70万円から高いものでも350万円です。それ以上になれば、私たちが目指す収益物件にならないからです。

某大手にリフォームを依頼すると、たしかに新築と変わらないようになりますが、1000万円や1500万円かかると簡単に言われます。

先日、全古協の説明会に来た30歳代の女性は、10坪のテラス物件のリフォームを大手に見積もりしてもらった結果、1000万円近い見積もりがきたそうです。おそらく普通の工務店に行っても500万円程度の見積もりは普通に言われるでしょう。

なぜ、それほどの開きが出てくるのか?

それは、賃貸不動産を知らないからです。

先ほど説明したように、国の政策もあって日本の建築業界は新築に依存してきました。最近ではリフォームもしますと宣伝していますが、それは新築だけでは仕事が足りないので、仕方なくリフォームをやっているだけなのです。

しかも賃貸物件(収益不動産)を知らないのですから、賃貸物件を扱っていてもハウスメーカーの下請けか不動産会社の下請けでしかないのです。ですから、賃貸でしかも古家を扱う業者は皆無と言っていいでしょう。

そこで、全古協では、次のようなスキルを持つ再生士を養成しています。

全古協が認定する古家再生士®とは、

1．賃貸不動産の知識がある
2．差別化リフォームができる
3．協議会のルールを理解し守る

この3つのスキルがある職人（業者）を古家再生士®（再生士）と呼んでいます。

1．賃貸不動産の知識がある

通常、工務店は物件を良いものにしようと努力します。いわゆる物を提供しようとする立場です。

これは再生士とは違います。再生士は大家さんに収益を提供します。ですから、相場家賃の算出や入居付けの仕方から管理まで賃貸不動産のことがひと通りわかります。

ちなみに普通の工務店に「この辺の3DKの貸家の家賃をご存じですか？」と聞いても答えられませんが、すぐに答えられるのが再生士です。

まずは、家賃相場がわからなければ何もできません。再生士は家賃相場に合ったリフォームができるからです。5万円の相場家賃ならばその予算の中で競合物件より良いリフォームをします。けっして7万円の物件のようなリフォームはしません。つまり、余分な工事はしないのです。そして、5万円で探している入居者が満足する工事を行うのです。

2．差別化リフォームができる

戸建ての貸家は、アパート・マンションに比べて極端に少ないのが現状です。それが逆に希少価値になっていますが、その中でも入居者に選ばれるために差別化リフォームをします。

近年、賃貸住宅を探す人のほとんどはインターネットを見ています。物件の写真や情報を見て不動産業者に内見させてもらい入居を決めます。よって、最初に見る写真の影響が強いのです。

そこで全古協では、和室はあえて洋室化しません。戸建てならではの良いところや古い家の良さを生かすために和室を残すようにしています。そのうえでモダンな雰囲気であったり、古民家の雰囲気・きれいな戸建てを演出しています。

そうした手法の1つが塗装です。

クロスは当然、綿壁・砂壁にも塗装をします。塗装を使うことで安価で差別化ができるからです。もちろん、大家さんの収益を確保しながらの予算の中で工事をするので、安価に仕上げるための工夫はたくさんあります。

たとえば、汚れが目立たない天井はそのまま生かす、キッチンが使えそうなら扉だけ色を変えるなど、その他の設備・間取りなど変更しないでいいものはそのまま使います。

安価に差別化したリフォームをする、これも再生士に必要なスキルです。

3.全古協のルールを理解し守る

いくら工事ができても、協会のルールを守ってもらわないと困ります。物件を探して空き家・古家物件見学ツアーを開催するのも、会員のさまざまな問題を全古協本部と一緒になって対応するのも再生士の仕事です。

そのために再生士は多くの事例から常に勉強しスキルを磨かなければなりません。

協会のスケールメリットを生かし、会員の利益を守るためしっかりとルールを守り、お互いがＷＩＮ‐ＷＩＮになるように考えるのが再生士です。

たとえば、再生士は、プランナーが探してきた物件を現地調査同行サービスで一緒に行きます。その際、会員としては欲しくて仕方がない物件だったりします。

しかし、再生士は無情にも正しい判断を下します。

「これは、工事費がかかりすぎて数字が合いません。今回はやめときましょう」

「この物件は躯体が弱すぎます。リスクが高すぎるので辞退しましょう」

「この傾きは基礎工事からきているのでやめときましょう」

「この場所は特別に客付けが難しいところです。もっと利回りが高いならいいですが、この利回りだとやめたほうがいいですね」

など、会員が買いたい衝動を止める場合も結構あります。本人はがっかりですが、それが再生士の仕事でもあるのです。

現在の認定工事業者（古家再生士®）

● 株式会社カラーズバリュー（８名）関東・関西地域

- 大西建設株式会社（1名）関西地域
- 和工房株式会社（1名）中部地域
- 合同会社ホームスパイス（1名）関東地域

空き家・古家における差別化リフォームのコツ……大熊

古家の場合、**リフォームの差別化は重要**です。壁のデザインを工夫したり、絵画やイラストを描いたり、照明や飾り付けなど、入居希望者が内見した時に、一瞬で「この家に住みたい」と思わせる工夫をしていきます。

もちろん、リフォーム代は収益を考えてのうえですが、特に重要なのは、**入居者がどんな人なのか、どんな入居者に住んでもらいたいかを考えて差別化すること**です。

空き家・古家不動産投資が楽しいところは、このようにリフォームそのものを楽しんで行えることにあります。まさに再生の醍醐味《だいごみ》とも言えます。

●古家で多い砂壁・綿壁へのデザインを工夫する

色分けや柄の工夫でほかにはないデザインになります。費用はリフォーム全体の工事額に入るので、単体での単価はありません。

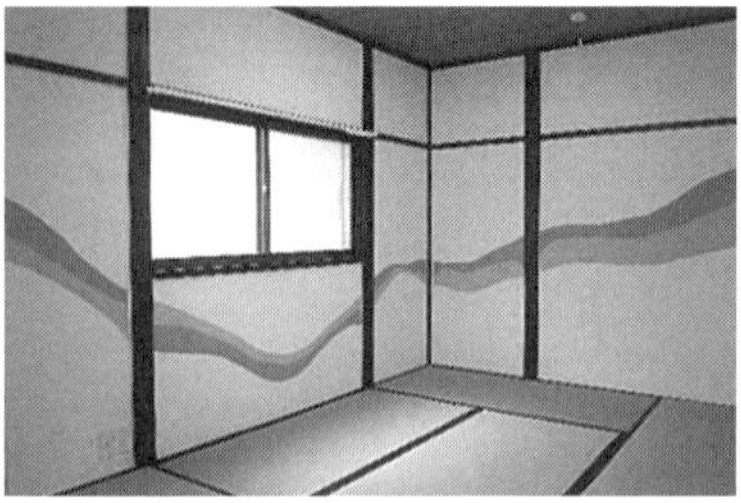

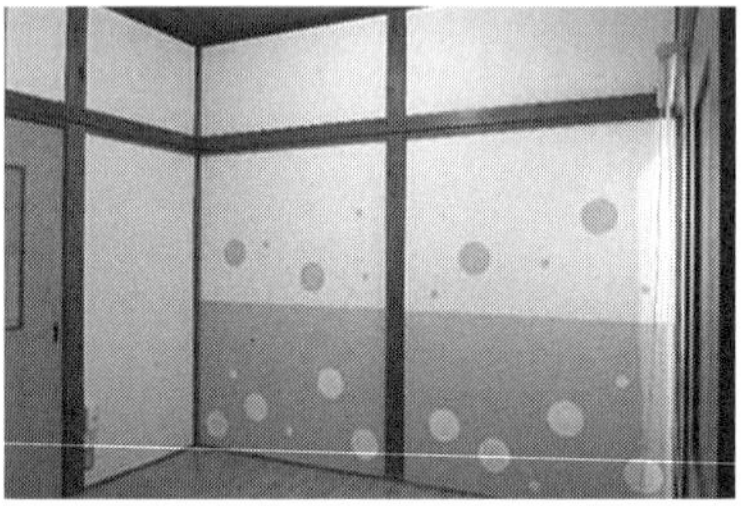

●絵画やイラストを使い工夫する

絵画やイラストはインパクトのあるデザインになります。費用は8万円から（大きさ内容により異なります）。

●ほか差別化リフォームを際立たせる工夫

小物などを使い飾り付けするのが安価で効果的です（次ページ写真）。費用は6万円から（大きさ内容により異なります）。

リフォームで家賃1万円アップをしても入居が決まる……大熊

大阪府枚方《ひらかた》市某所にある物件のリフォーム実績です。

問い合わせがあったのは本物件を購入し、リフォーム前は家賃4万円で募集していました。それでも、2年間入居者が決まらず困っていたようでした。

そこで、全古協認定工事会社の株式会社カラーズバリューに相談してきました。

この物件のオーナーであるご夫妻は、神戸のおしゃれなセレクトショップやカフェのような雰囲気が好きで、入居してもらいたいターゲットは、カップルや新婚と考えていました。

オーナーからセレクトショップ等のイメージもお聞きし、再生予定の建物も平屋の2DKでカフェ的な雰囲気を出すにはいい広さです（次ページ参照）。

当社の仕事は、入居が決まらなければ完了とは言えません。イメージ通り作業も終わり、引き渡しも無事に済みましたので、次は募集に奮闘しました（入居のお手伝いもしっかりサポートします）。

平屋２ＤＫのリフォーム前の外観

本当の引き渡し完了は入居者が決まって完了ですので、今回は資料（マイソク）[*]作成のサポートをしました（１４２〜１４３ページ参照。マイソクについてはステップ４で詳述）。

家賃は、リフォーム前の４万円を５万円にアップし募集。オーナーより「入居が決まりました！」と連絡いただいた時は、うれしくて感激いたしました。

今回もオーナーの役に立てたかなという思いです。

また１つ、部屋に明かりを灯すことができました。

＊マイソク……204 ページ脚注参照。

入居者が決まったあと、株式会社カラーズバリューではオーナーにアンケートにお答えいただきました。

こうしたアンケートは、これから空き家・古家再生投資を始めようと考えているあなたにとっても、入居後のイメージが湧くと思いますので、紹介しましょう。

1．あなたが考える入居の決め手、理由を教えてください。

- バイクが2台置けそうなスペースがある。
- 都市ガスが引いてある。
- 平屋ながら夫婦で住める間取りである。
- おしゃれな家。

2．リフォーム後のこの物件についての感想、評価を教えてください。

おかげ様で、スタイリッシュなリノべ物件に仕上がったと思います。

もともと4万円でも2年間も客付けできなかった物件が、5万円ですぐに決まったのはリノベーションの力です。

LIVING

キッチンスペースと和室をLDKにし広々空間に

魅力的な部屋に見せるための資料

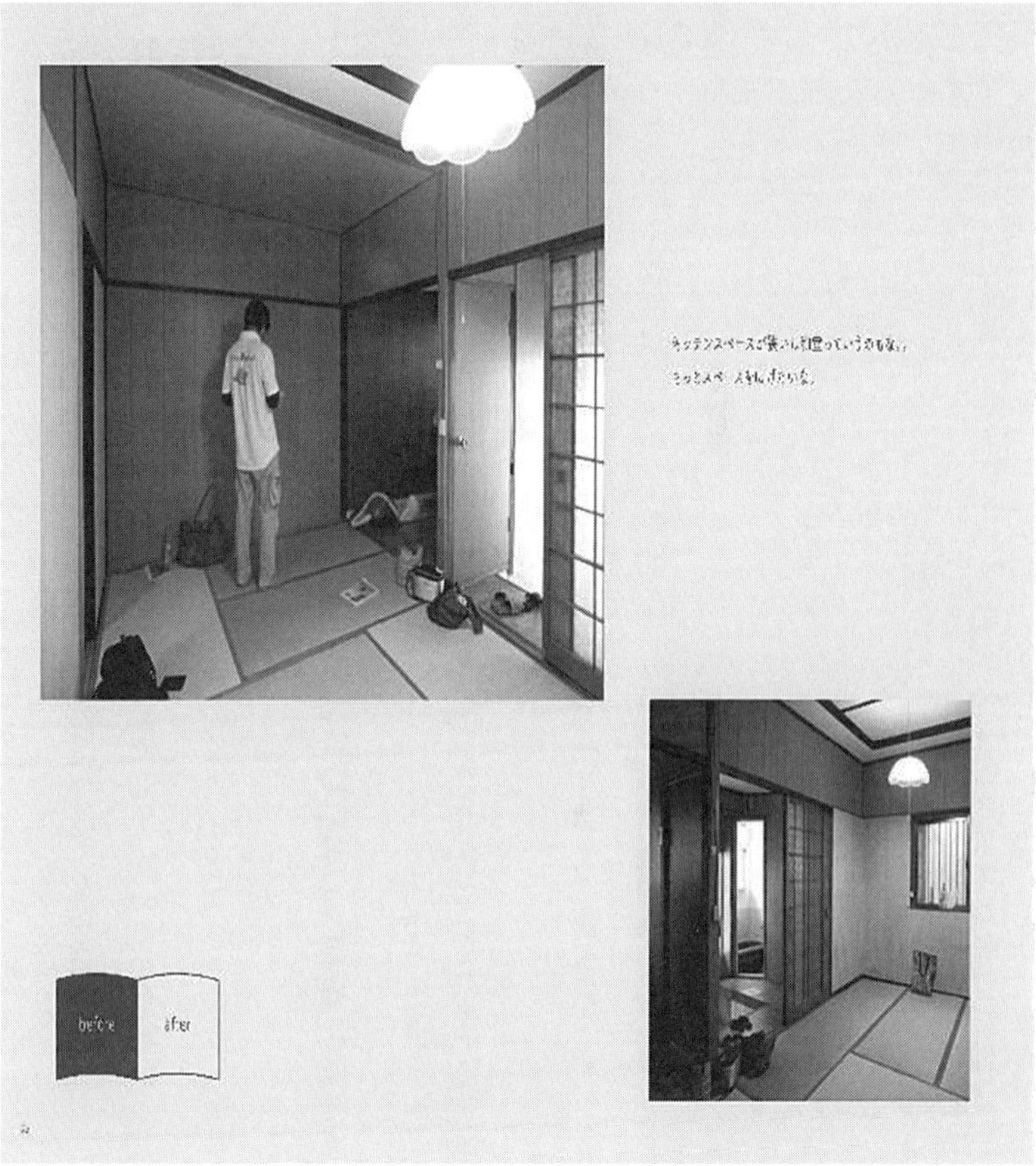

3．このたびの物件を見た仲介業者様の反応、評価を教えてください。

「おしゃれで個性的、資料もお客様に見せるのに手頃でイメージしやすい」と、多くの仲介業者の方も気に入っていました。

4．カラーズバリュー（認定工事会社）のサービスについて、ご意見ご要望があれば教えてください。

- 古家再生をビジネスという形でトータルで推奨いただいていることが大変価値あると感じます。
- 最初から最後まで誠実にきっちりやっていただいたことに感謝しております。
- オンライン講座や物件見学ツアーを通じ、学びから実践できることは大変ありがたかったです。

初めての空き家・古家不動産投資で、わずか2カ月で入居者決定！……大熊

初めての人でも空き家・古家不動産投資ができるという例として、ある再生物語を紹介しましょう。実際の購入からリフォーム、入居者付けまで、この物語でおわかりいただけると思います。

さて、今回の古家再生の話は、2015年8月に全古協が認定するプランナーになったCさんの実例です。

Cさんはプランナーに合格してからは、自身の古家再生投資スキルアップのためにと、地域の不動産業者へ積極的に営業活動を行っていました。

1日の営業回りは、なんと5、6軒です。スキルアップとは謙虚なお言葉です。1日5、6軒も回る行動力には頭が下がります。

そんなCさんがプランナーになって間もなくの2015年8月14日。猛暑が襲いか

かる季節に、全古協の相談員から1本の電話がCさんに届きました。

「Cさん、兵庫○○にいい物件があるよ。よかったら1回見に行かない？」

――相談員からのお勧め物件？　めちゃくちゃ気になる。

物件の詳細を聞く前に、相談員のお勧めだけを信じたCさんは、「はい、行きます！」と2つ返事。「それじゃ、8月16日に一緒に現地の内覧に行きましょう」と、さっそく古家の物件を見にいくことに決まりました。

●実際の物件を見て、不安がよぎる

物件は木造築51年のテラスハウス。

Cさん、はっきり言ってひと目惚れしました。

「間違いない！　この物件は」

そのテラスハウスは連棟の一番端側の建物です。

「真ん中よりかはいいな」とCさんは心の中で思いました。そして、もう1つの理由に、テラスハウスではめずらしいなかなかの広さ。一般的には平均で40㎡くらいと言われていますが、この物件は68㎡もあったのです（次ページ参照）。

加えて立地の条件も良い。Cさんはこの辺りの土地勘があり、近くに駅・学校・閑静な住宅街・大通りも近くにあることを知っていました。

「場所的にも問題がない。うんうん」と、Cさんは現地見学に肩を慣らしました。

初見は正直に好印象。心の奥底では「めっちゃ、いいやん」と、思わず気持ちは高ぶりました。

テラスハウス。物件は手前端側で広い。

しかし、現実はそんなに甘くない〝何かがある〟、それが古家です。なんと言っても築51年のボロボロの空き家なのです。

まずは外観。見た目は想像以上にボロボロ……亀裂もたくさん入っています。

外壁には大きなクラック[*]。コンクリート片が落ちていました。こ

＊クラック……ひび、割れ目。

のような亀裂は至るところにあります。

建物の中に入りじっくり見回ると、やっぱり一瞬怯《ひる》みます。これぞ古家です。何回見ても「大丈夫かな?」と、不安は付きまといます。

壁は染みだらけで変色がひどい。畳も使いものになりません。古家特有の「臭い」も充満しています。

建物の壁と浴室の壁がつながっていて、そこにも大きな亀裂が入っていました。しかも、あからさまに素人が補修したと思われるコーキング*の跡もあります。

それでもCさんは、気持ちを奮い立たせたのです。

●リフォーム業者も同行だと安心!「こんなのきれいだ!」

この現地見学には、相談員のKさんと一緒に、全古協が認定する再生士も同行し調査しました。後日、Cさんはこのように話してくれました。

「古家の現地調査に専属のリフォーム業者が同行してくれるほど、心強い味方はいない」と。


*コーキング……建築物において、気密性や防水性のために施工される隙間を目地材などで充填すること。

壁、畳はすべて工事、取り替えが必要。

（上）外壁にはコンクリート片が落ちるほどのクラック。

（左）浴室の壁から天井にかけては、亀裂を補修したコーキングの跡も。

「空き家・古家不動産投資がしたい！」という方はたくさんいらっしゃいますが、実際に古家を見ると、そんなに甘くはありません。絶対に不安になります。

なぜって？

空き家・古家の中には今にも崩壊寸前のボロボロの物件がたくさんありますから。

ですから、こんな時に専属のリフォーム業者がいると安心です。

「こんなのきれいなほうですよ！　ぜんぜん大丈夫です！」と、ひと声があったらどれほど安心できることか……。Cさんはこの時、まさにその状況でした。

リフォーム業者のアドバイスをもとにCさんは、隅々までこの物件を調べました。

3人の出した答えは、「たしかに修繕はいろいろあるけど……いい物件ですね」と、満場一致でうなずき合ったのです。

帰りの車の中でCさんは、物件の購入を決意。紹介してくれた相談員にその場で物件の購入を打診。現地を内覧した翌日8月17日に買付証明書を提出しました。

Cさんは、「物件を内覧して、たった1日で決めちゃいましたよ」と、笑って話しました。

●古家の〝個性〟を生かしたデザインリフォームを決断

Cさんは、リフォームに自分のデザインを持たせたいという想いがずっと前からありました。内心ちょっと「怒られるかな」と、不安を抱えながら、再生士へその想いを打ち明けると、業者さんは快く承諾してくれました。

壁紙の色を決める話の中で、「この物件は梁《はり》が全部黒だから、『黒と黄』って合うんじゃないか」と、アイデアが出ました。業者もフローリングを洋風に変えたこともあって、「ちょっと和のテイストを残すには黄色はいいですね」と、さらに会話は盛り上がりました。デザインリフォームの話は、まだまだ尽きそうにありません。

青のアクセントクロスもCさんが選びました。

過去に何回も物件見学ツアーに参加をして、アフター物件を見ていく過程で、Cさんは大切なことを学んだと言います。それは「古家の個性を残す」ことです。デザインに寄りすぎず、洋風に変えすぎず、ちょうど良いポイントを見計らい古家のデザインを考案すること。これはセンスを磨くより古家の経験を重ねるほうが大事だと言います。

※リフォーム工事箇所

- 外壁全面
- 表面全面（天井・床・壁）
- 水回り（キッチン・洗面・トイレ）

さすが築51年の古家……やはりボロボロの物件でした。

●入居者は即決定！　その期間はなんと1日

しかし、最後にオチがありました（笑）

Cさんが入居付けの営業に出る1日前に、管理会社がレインズ*にCさんの物件を載せてくれていました。

不動産業者への営業回りは再生士も同行です。すると、何軒かの不動産業者ではCさんの物件がすでに噂《うわさ》になっていました。それは、レインズを見た担当者が「あぁ、

*レインズ……宅地建物取引業法に基づき、国土交通大臣の指定を受けた「指定流通機構」。宅建業者間で物件情報を共有するデーターベース。

アクセントに黄色の壁紙を起用しました。

壁紙を青のアクセントクロスをセレクトしました。

既設はボロボロのキッチンのため、一式取り替えました。

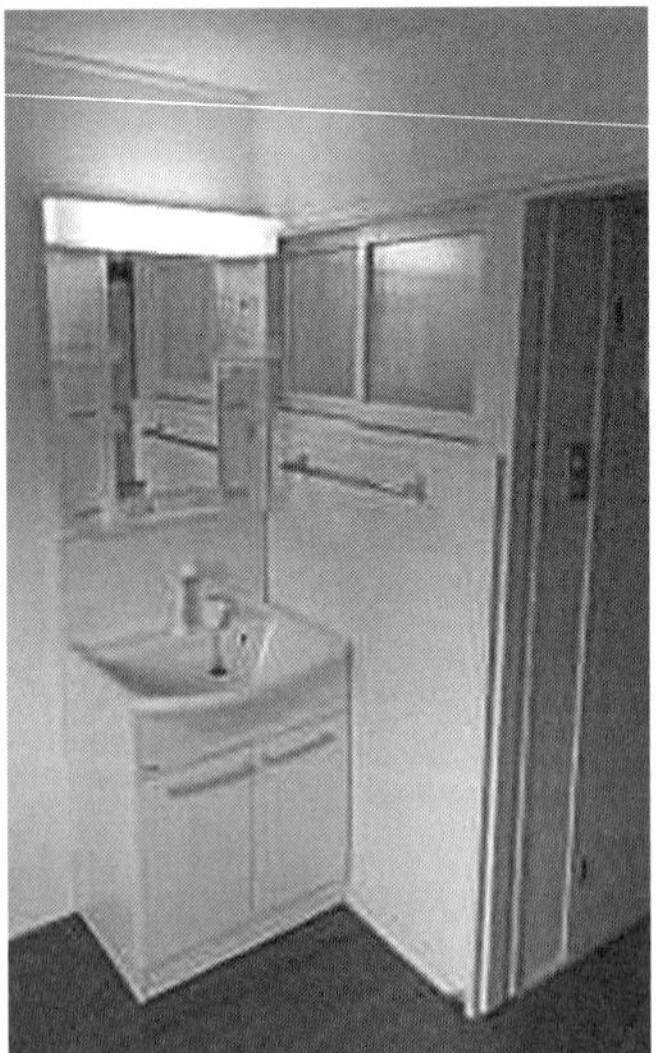

洗面も使いモノにならず、一式取り替えました。

浴室は残したまま清掃とタイルと壁を修繕工事しました。

この物件ですか?」と、興味を持ってくれていたのです。

Cさんは「この広さでこの家賃で本当にいいのですか??」といった様子。業者から「この物件ならすぐに決まりますよ」と、お墨付きの言葉ももらって、ほっとひと安心したのでした。

気がつくと、その日の営業回りはなんと20軒。帰る頃にはすっかり暗くなっていました。

再生士と別れ、1人電車で帰るCさん。すると、静まり返る電車の中でCさんの電話の音がなりました。「しまった! 電車の中だ。誰だろう?」と携帯を見ると、先日レインズに載せてくれた管理会社からの電話でした。

管理会社「Cさんですか。あの物件ですが入居者が決まりましたよ」

Cさん「えっ!? もう決まったのですか!? 今、営業が終わったところなのですが……」

なんと、今日1日20軒を回った不動産屋以外の業者からの問い合わせでした。先日のレインズを見て、まったく別の業者さんが連絡をくれたのです。

「あぁ……今日20軒も回ったのに……」

思わず笑ってしまいそうな結末。Cさんは、そんな現実を前向きに受け取ったと言います。

「そうか、営業しなくても入居者が付くくらい良い物件だったんだ」

そう考えると「心からうれしい気持ちになった」と、Cさんは話してくれました。

買付申請書を出してから入居者決定までの期間は、わずか2カ月。

今回の物件は、すべてがうまく進んでいきました。立地条件・物件の状態・物件価格・入居付けまで、「トントン拍子とは、まさにこのことか」と、思わず疑ってしまうくらいです。

あと2、3軒の古家の購入を目標に掲げるCさん。

「次はそんなに甘くない。本来の古家の問題はこんなものじゃない」と、覚悟を決めているものの、空き家・古家投資を心底楽しんでいるＣさんでした。

【プランナーＣさんの声＆物件情報】

次回は空き家・古家物件見学ツアーで、１軒古家を購入したいと思います！
今年も楽しんで古家投資をしていきます。

関西　兵庫県
物件購入費：２１０万円
リフォーム費：２２０万円
家賃：５万３０００円
表面利回り：14％

関東事例——これからは関東地方も続々と物件が出る……大熊

◎事例その1

場所：埼玉県春日部市新宿新田
購入額：250万円
工事費：480万円
家賃：7万3000円
表面利回り：12%

ビフォー：壁や床の傷みもひどくトイレにはネズミの死骸がありました（次ページ写真）。

アフター：リフォームのほか、庭を駐車場にしました（160ページ写真）。

再生前の様子

再生後の様子

リフォーム事例１
階段をぶち抜き新たな空間をつくる（LDKリフォーム）

階段下をぶち抜きで広々と感じるキッチンに仕上げました。築40～50年台の10坪弱の古家は、１階部分がDKと和室６帖という間取りが多く一般的。近年、新築の建物はLDK化が標準ということもあり、古家でもLDK化をすることができます。１階の和室にはよく押入れがある場合が多く、単純に押入れを取っ払い、床をフラット化することでLDKに早変わりします。賃貸需要もLDK物件は人気があります。

【東大阪市御厨東にある物件】

シャンプードレッサー付き洗面化粧台が置けない場合はこれ！ 好きな場所につくり、台を作成し洗面台を置けば室内とマッチングし違和感なく洗面台が使用できます。

【守口市八雲東町の物件】

【守口市佐太中町の物件】

リフォーム事例2
全体を古民家風のリフォームで落ち着いた感じに

この物件はオーナーへの引き渡しも 2017 年 6 月 4 日に完了。次の段階は入居募集のための資料作成をし、業者回りの活動に奮闘する状態のものです。
賃料は 4 万 5000 円スタート。リフォーム金額は 167 万円（飾り付け費は別途）。

古家再生後の室内（シンプルな仕上がり＋飾付で古家再生物件を差別化！）

この物件はシンプルな仕上がり＋飾り付けで差別化をしました。一部ペイントならではのアクセントをつけています。

【古家再生ビフォー＆アフター（壁、床）】

施工前の壁をプリント板にして、清潔感がある白をメインでクロスに張り替え、床はカーペットからクッションフロアーへと張り替えをして、室内のイメージアップを施しています。

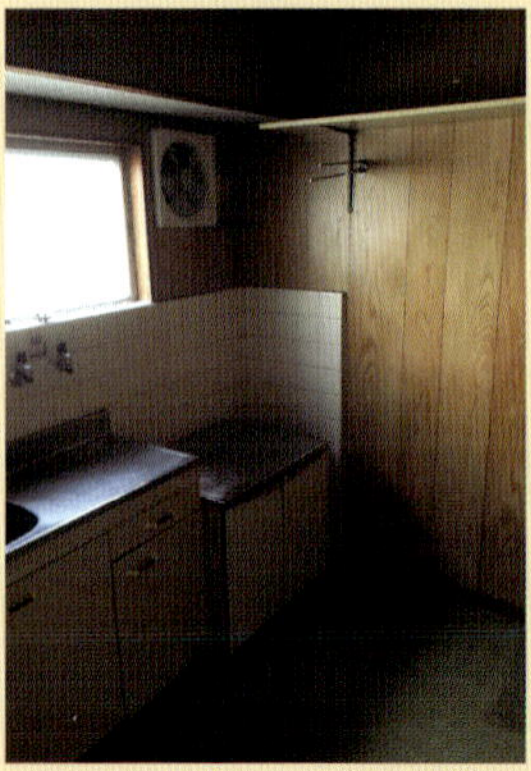

【古家再生ビフォー＆アフター（キッチン・水回り）】

施工前の壁はプリント板で、こちらも清潔感がある白でクロスに張り替えを施しています。床はカーペットだったものをクッションフロアーへ張り替えを施しています。キッチンは既存の物を再利用し、扉部分にダイノックシートを張ってイメージアップを施しています。

【古家再生ビフォー＆アフター（室内建具・畳)】

施工前の壁は聚楽壁で汚れもひどくどんよりした雰囲気から、アクセントペイントでイメージアップをした差別化で仕上げています。木部・建具もオイルステインで仕上げ、古民家風の仕上がりに施しています。畳は表替えをし、縁（へり）は黒で引き締め効果を施しています。

【古家再生ビフォー＆アフター（バス)】

壁はプリント板から清潔感があるクロスに張り替えを施しています。

【古家再生ビフォー＆アフター（部屋回り)】

天井はジプトーン天井で、解体せず既存のものを再利用し清潔感ある白でペイントを施しています。壁のプリント板は清潔感あるクロスに張り替えています。床はカーペットから掃除、メンテナンスしやすいクッションフロアーへ張り替えています。木部・建具はオイルステインで古民家風に仕上げて雰囲気を引き締めています。

【再生士感想】

募集開始６カ月で入居者が決まりました。デザインは若い世代の夫婦、カップル等のターゲットにうけるよう工事、不動産業者が案内（内見）しやすいように生活感の雰囲気もわかるように飾り付けもしています。照明も各室に設置し夜の案内にも問題ありませんでした。

リフォーム事例３
ペルソナ設定に基づき空き家を再生！「アートハウス」

リフォームのコンセプトはアートハウス。入居してほしい方を想定してリフォームを施しました。これをペルソナ設定と言いますが、大家さんが自由にリフォームできるところが、空き家・古家再生不動産投資の楽しいところです（リフォーム費用：約132万円）。ちなみに、この家に住んでほしい人はこんな人を設定しました。
「奈良から大阪に通うOLさん（もしくは共働き夫婦）で、毎日遅くまで仕事をがんばっている。毎日の疲れを家でリフレッシュしたいと考えながらも、好奇心旺盛で、自分らしさを持っている」。

【建物外観ビフォー】

【建物外観アフター】

正面外観にペルソナ設定で入居者を想定して、猫のペイントアートを施しました。多忙な仕事を終えて、正面玄関壁には優しいスポットライトが灯り、壁には「1日お疲れ様」を意味するアート（猫）がお出迎え。

昼間の２階正面玄関

夜間の２階正面玄関

アップライトされた２階正面壁。

【室内のペイントアート（洋室）】

室内洋室の１室も猫のアートで再生しました。

【再生士からの感想】

今回の物件はアートハウスということで、他社賃貸物件と差別化し入居者さんが落ち着く空間をアートで描きました。賃貸募集し気に入ってくださる入居者とのご縁を心から願っております。

その他のリフォーム内容は以下の通り。
大工工事……ベランダ床デッキ設置、ベランダ屋根下地波板設置、2階和室を6帖洋室化、階段下に洗濯機置き化／設備……階段下洗濯機置き場新設、トイレウォシュレット付き便座へ交換／電気……分電盤交換、トイレ・洗濯機のコンセント新設、2階エアコン専用配線1カ所設置、アンテナ配線新設、玄関センサーライト新設、2階正面壁面スポットライト2カ所新設／表装……1階洋室クロス張り、2階床上げ部位CF張り、階段踊場CF張り、階段スベラーズ交換／畳・襖……畳処分、襖・網戸張り替え／左官……ポスト架台の埋め込みセメント、キャットブロック積み／外装塗装……正面足場設置、正面壁・下屋根のみ塗装／雑工事……庭木伐採、ベランダ塗装／アート……正面壁・屋根アート、室内1室アート

リフォーム事例4
階段下のスペースを有効活用

関西におけるテラスハウスでは、階段下に押入れ等の収納スペースを設けている物件が多いですが、ほとんどが小さかったり、形がいびつだったりします。内見の際は、おそらくほとんど注目されることもない影の薄いポジション、それが階段下です。そんな場所こそ差別化リフォームの鍵と考えます。

【クローゼットをリフォーム】

クローゼットの奥の壁に1色入れるだけで、ずいぶんと雰囲気が変わって見えます。

【和室なら床の間に活用もできる】

こちらは和室に隣接した階段下スペース。もともとあった建具がそのまま使うには古かったので、あえて取り払って奥のアクセントクロスを見せることで、和モダンを演出しました。

【スペースしだいでは実用的に使える】

階段下にもう少し広いスペースがあれば、洗面化粧台、洗濯機置き場をこんな感じに設置することも可能。

リフォーム事例５
テラス外観イメージアップ

物件全体をこうすれば、テラスでも外観がおしゃれになります。費用も20万円（木材代・木部オイルステイン・木部設置費）と安価にできます（壁の塗りは含まず）。

絶対的なバリューアップの黒でイメージアップ。少し面黒格子を取り付けただけでも雰囲気がよりグレードアップされます。ホウキの飾りも演出。費用は、足場込みで20万円（地域や物件により違います）。

壁は、何も塗装等がされていないので、雨がモルタル壁に吸い込み良くない状態でもあり、インパクトがありません。黒と黄土色のツートーンでイメージアップ。シンプルですが、第一印象が残りやすいイメージです。費用は、足場込みで20万円（地域や物件により違います）。

リフォーム事例6
浴室シートで冷たさ緩和！

築40～50年台の古家はタイル張りのお風呂が多く、床のタイルもひび割れ等もあり、日々水が浸透し建物には悪影響があります。そんな時は、安価な浴室シートがお勧めです。シートを張る前には下地処理でセメント処理をしますのでひび割れもなくなります。処理をしてからシートを張ります。タイルの時より冷たさの体感温度が3分の1程度まで下がります。

【浴室のビフォー&アフター その1】

【浴室のビフォー&アフター その2】

◎事例その2

場所：埼玉県春日部市一ノ割
購入額：150万円
工事費：350万円
家賃：7万2000円
表面利回り：17%

ビフォー：床がゆるゆるになっていた部分を修繕しました（次ページ写真）。
アフター：和室は明るさを取り入れ、ふすまに木のイラストを描き高級感を出しました。また、キッチンは床を濃い茶色のフローリングにし、シックな感じを出しました（163ページ写真）。

再生前の様子

再生後の様子

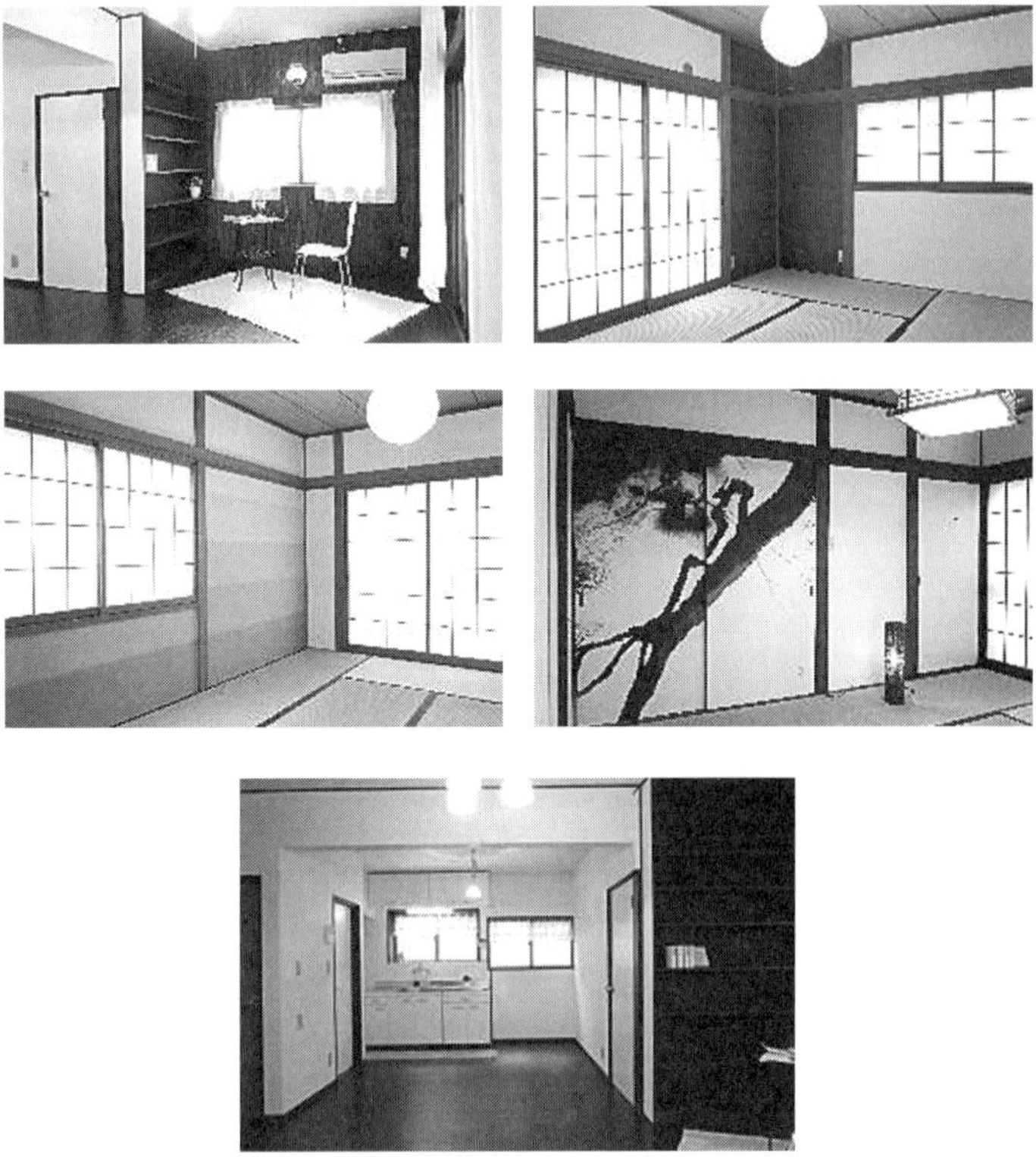

◎**事例その3**

場所：埼玉県所沢市
購入額：250万円
工事費：320万円
家賃：6万円
表面利回り：13％

ビフォー：比較的小さな物件で全体的にボロですが、躯体はしっかりしていました。浴室が特に狭く、2人で入浴は無理（次ページ写真）。

アフター：キッチンの場所を移動してその場所に脱衣室を新設。トイレも含めてキッチン以外の水回りをまとめることで使い勝手が良くなりました。テイストテーマはレトロカフェ風にしました（166ページ写真）。

再生前の様子

再生後の様子

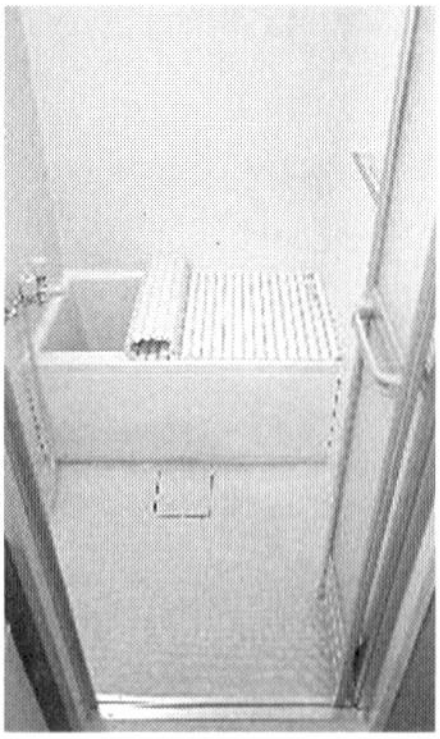

◎事例その4

場所：埼玉県さいたま市見沼区
購入額：350万円
工事費：240万円
家賃：7万円
表面利回り：14%

ビフォー：物件は築年数は比較的新しいほう（1980年築）。ボロちょっと手前の状態。大きな損傷個所はありませんでした（次ページ写真）。
アフター：募集で競合する物件も多いので、インパクトを出すためにペイントを特徴的にしました。洗濯機置き場がなかったので、キッチン近くに新設（169ページ写真）。

再生前の様子

再生後の様子

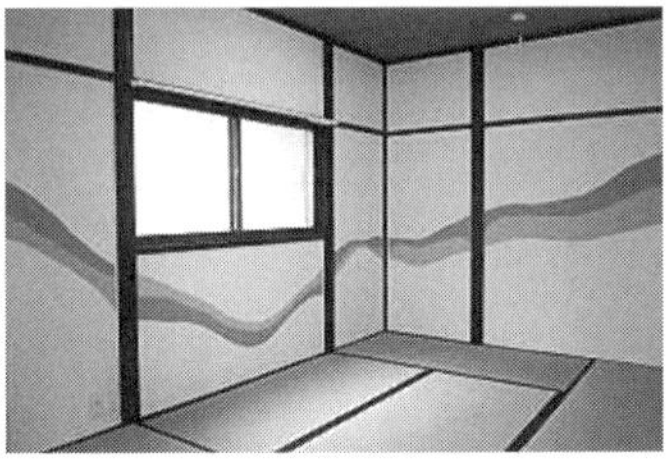
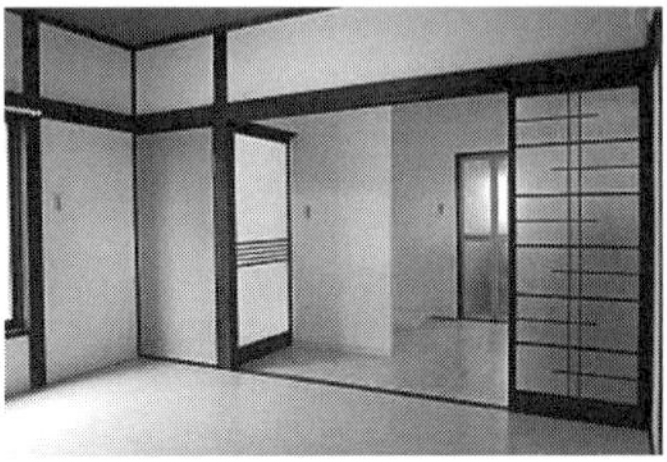
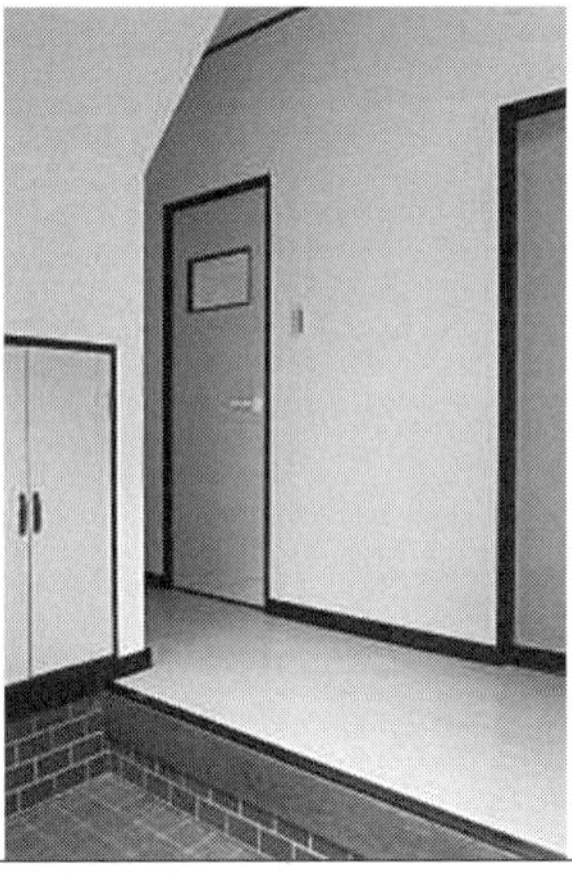

空き家になった都心の相続戸建てを賃貸住宅へ……大熊

今回紹介するのは、相続物件の再生事例です。
まず、今回のお客様は相続された物件をどうするか悩んでの相談でした。

● 売却するか？
● 賃貸物件にするか？

全古協の会員は、9割以上が物件を購入して投資をする方です。当たり前ですが、物件購入なので、購入費用が必要。そして、当然のことながらリフォーム費用が必要になります。この2つと各諸経費すべてを含めて、貸出後の家賃でまかなっていきます。リフォームしだいでは、約12～15％ほどの利回りで運用することが可能です。

これも当たり前ですが、相続する場合には、物件の購入費用は必要ありません。なので、必要なのはリフォーム費用とそのほかの経費だけです。

大部分の費用を占める物件購入費用がないのです！

ということは、投下資金の回収が早いということになります。

今回手がけた物件もそうなりました。

場所は東京都豊島区要町《かなめ》。池袋駅まで徒歩20分、最寄りの要町駅までは10分弱のお宅です。

相談者は売却か賃貸で悩んでいました。

賃貸に関しては、それによって得られるメリット・デメリットを考えているようでした。そこで全古協の過去の事例など詳細を話し、何度か打ち合わせさせていただき、賃貸物件にすることを決断しました（賃貸にすることによって得られるメリット・デメリットは、また別の機会にお話しします）。

今回の相談者は、昔この家に家族みんなで住んでいたようで、おばあさんのために床暖房を入れるなど、思い出が詰まった家でした。

賃貸にすることによって、経済的な面でのメリット・デメリットは当然ありますが、何より大事にしたいのは、**「思い出のある家を手放さずに、当面住むことはないけれど継続的に所有し、関わることができる」**という点にあるのではないでしょうか。

私たちとしては、その点をとても大事にしたいと思っています。

実は、私にも昔、同じようなことがありました。

私が小学校3年生の夏のことです。

熊本県天草市にある、祖母の実家で夏休みをまるまる過ごしました。

山川海が近く、ゆったりとした時間を過ごした家も、その後、住む人がいなくなり、当然行くこともなくなりました。

たまに夏休みの季節になると、あの家をふと思い出すことがあります。

そういった思い入れのある（と思われる）家を、もう住むことはないけれど、手放さないでいたいという思いは誰にでもあると思います。または、生活環境の変化で、ややもすると何年後かにまた住むことになるかもしれなくなった時に、手放さなければよかったということもあり得ます（その可能性があるときには、募集時には「定期借家契約」[*]にします）。

受け継がれた家、誰もが手放さないとなると、それはそれで私たちも困ってしまいます（笑）が、残すことが可能な方にはなるべく所有し続けることをお勧めしたいと思っています。

さて、相談された家ですが、古家と呼ぶにはちょっと失礼な気がするくらいきれいな家でした。

思い出が詰まった相続物件のビフォー＆アフターはこちら（174〜177ページ参照）。

こちらの物件、リフォーム完成後、1カ月を待たずして無事に入居者が決まりました。

＊定期借家契約……賃貸期間の定めがある契約。貸主は定められた期間で契約を終了させることができ、借主は退去しなければならない。内容によって再契約も可能。

ビフォー：和室

ビフォー：床フローリング部屋

ビフォー：窓と配線

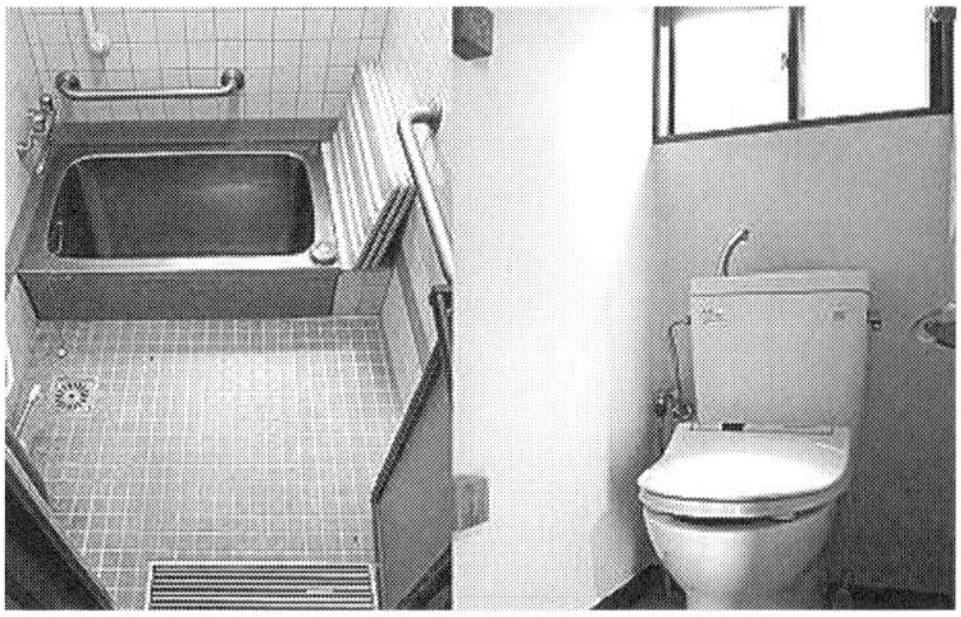

ビフォー：浴室とトイレ

ビフォー：キッチン

アフター：床フローリング部屋

アフター：階段回り

アフター：キッチン

アフター：和室

アフター：和室

アフター：和室

京都市内の空き家をアートで忍者屋敷に！……大熊

まずは次ページ写真をご覧ください。

この忍者屋敷のような内装の物件は、京都のとある駅から徒歩6分にあります。

この忍者屋敷は、簡易宿泊所で収益を考えています。

京都も宿泊施設はたくさんありますが、まだまだ足りない状況です。特に宿泊する外国人に日本をもっと楽しんでもらおうという思いから、オーナーの希望で忍者の絵をあちらこちらに描きました。

1階の大壁には、記念撮影が撮れるようにと竹林を描いております。観光写真はココで決まりです。

準備中ですが、撮影用の忍者の服も隠し収納に保管する予定です。

この京都にある忍者屋敷は、２０１７年9月末から宿泊施設として稼働します。もちろん誰でも利用できます。

このように、**地域貢献できるのも空き家・古家不動産投資のいいところ**です。

1階の広間で、竹林と一緒に記念撮影。

いざ 忍者と戦う！（デザイン絵画：ボバンチワークス）

セルフリフォーム（DIY）を断念した残念な物語……三木

セルフリフォーム（＝DIY）は、リフォーム代を抑えられる手法として、たしかに巷《ちまた》では流行しています。

しかし、素人がうかつに手を出すとどうなるか。私の主催する大家の会*の力石さんの失敗例があります。

■DIY失敗大家の告白（喜ばれる大家の会会長　力石圭司）

410万円の戸建てを買い、自分で住みながらリフォームして住まなくなったら賃貸にしようと思いDIYしようと考えました。

なぜDIYしようかと考えたのは、まず410万円で戸建てを買ったからです。ゆくゆくは賃貸にするつもりでしたが、しばらくは自分で住もうと考えて投資としては高い物件を買ってしまいました。

その当時、想定家賃は5万円でしたので、物件代とリフォーム代を合わせて5

＊大家の会……全国コミュニティー。各地で大家の仲間が集まってつくっているコミュニティー。

００万円なら、想定利回りは12％。４１０万円で物件を買っているのでリフォーム代は最大で90万円と考えていました。ちなみにフルリフォームした場合の見積もりは２００万円でした。

物件の概要は３階建てで、１階は風呂場と車庫、２階はキッチンと和室、和式トイレ、３階は和室２室でした。

とりあえず私が住むために、２階のキッチンはクッションフロア*だったのをフローリングに、和式を洋式トイレに変更しました。３階の和室の１室だけ畳を替えてリフォーム会社に頼み、残りは自分でリフォームしようと思いました。

ちなみに、これだけのリフォーム代の費用は50万円でした。

世間ではＤＩＹをやっている人は多いし、まあ素人の自分でも時間はかかってもできるだろうと思い、ＤＩＹを開始しました。

自分でリフォームするにあたり、本屋さんで１冊のリフォームブックを買いました。本を見ながら自分でリフォームしようと考えたのは３カ所でした。

＊クッションフロア……クッション性に優れた大きなシート状の塩化ビニール系床材。

●1階の風呂場の壁の塗装
●2階の和室のクロス張り&フローリングにして洋室化
●3階の和室2室のクロス張り&フローリングにして洋室化

これに加えて、ほかの細々した部分のリフォームもやろうと思っていました。

3階の和室のクロス張りから始めました。

まずはホームセンターに行きクロスを買ってきました。

購入したクロスは、おしゃれだと思い、模様があるクロスを買いました。クロスにはノリ付きとノリなしがあったのですが、ノリなしのほうが安かったこと、ノリくらいなら自分でも簡単に塗れるだろうと思いノリなしのクロスを買いました。

しかし、これが大失敗の始まりでした。

工程は、もともとあったクロスをはがしてきれいにし、そこにノリを塗ったクロスを張り付けていきます。しかし、クロスをきれいにはがせてなかったようで、下地ができていない状態で張り付けてしまったのです。

新しいクロスには、刷毛を使って自分でノリ付けをしないといけないのですが、クロスが大きく、ノリ付けにムラが出てしまいました。さらに模様があるクロスでしたから、きちんと模様を合わせないといけないのにうまく合いません。

1枚目を張った時は、初めてだし、まあ大丈夫だろうと高をくっていたのですが、慣れない作業でとにかく時間がかかってしまいます。それでも張らないといけないということで1面は張りましたが……まあひどいもんです。

結局、クロスを張った壁はボコボコ。クロスが浮いている部分もあって、模様もずれています。

最悪です。

さらに最悪な事態が生じました。

クロスを張ったノリでしょうか。とにかく臭かったのです。

私は隣の和室を寝室にしていたのですが、臭くて臭くて窓を全開にしないと眠れません。しかも頭痛までしてきて……。

これではぜんぜんダメだということで、張っていったクロスを全部はがして張り直しました。

さすがに前よりはうまくはなっていますが、それでもボコボコになったりします。結局、気になって一からやり直し。今度は壁に直接ノリを塗ってクロスを張り付けてみました。

こんなのはうまくいきません。

そして、遅々として進みません。

先に天井のクロスを張ろうとしても、脚立が1個でうまく張れないし、とにかくもがいていました。

そんなことをしながら、ほかのリフォームもしていきました。

水道の蛇口交換は簡単にできるとリフォームの本にも書いてあったので取りかかりました。

ホームセンターから水道の蛇口を買ってきて、シールテープをネジに巻き付けるだけかと思いきや、ネジにシールテープを巻く向きや巻き方が決まっていて、きちんと巻かないと水漏れを起こすのです。

もうおわかりかと思いますが、私はその巻き方も知らず、水道の元栓を戻すと1つの蛇口は盛大に水漏れ、いや噴水になっていました。そこで焦ってしまい、また水道の元栓を止めたのはいいのですが、水抜きをしないで蛇口のネジを緩めたら一気に水が噴出、蛇口が凶器の如く飛んできました。

すぐに業者を手配するしか方法もなく、業者が来るまで掃除をし、高い取り付け代までしっかり請求されました。

ほかにも風呂場の壁を塗装したのですが、汚れてはいけない部分はマスキングをしました。ですが、マスキングテープ*をはがした時に一緒に塗った塗装もはがれたり、下処理が悪かったのかカビが大繁殖したりと、これまたまったくうまくいきません。

私は平日は仕事があり、ＤＩＹは土日しかできませんでしたが、その土日もすべて使えるわけではありません。

部屋の隙間をコーティング剤で埋めて虫が入ってこないようにするくらいは、業者に頼むと何万円かはしますのでやっていましたが、大がかりなリフォームは

＊マスキングテープ……塗装等の際に、作業箇所部分以外を汚さないようにするために張る保護用の粘着テープ。

できません。

自分自身で住みながらＤＩＹを始めて10カ月。

自分には無理だとあきらめて、賃貸にしようとプロに任せて別の場所に引っ越しました。

結局、資材や器具で50万円くらいＤＩＹに使いました。

その後にプロに任せたリフォーム費用は２００万円。最初のリフォーム代とＤＩＹ代で１００万円、それに約１年の歳月をムダにしました。

１年分の家賃を考えたら１６０万円の損、投資としては大失敗です。

ＤＩＹに失敗した原因を考えると、誰でも簡単にできるという勝手なおごりと、とにかく集中してやる時間がなかったことだと思っています。

何よりＤＩＹを楽しんでいなかったのもあります。先に予算を決めて、その予算以内にするためにＤＩＹをしたからです。

金のためにやるという気持ちのＤＩＹは失敗しますね。

そして、最もいけなかったのは、自分でつくりたいという気持ちがなかったのはもちろん、私がこのような作業に向いていなかったということです。

それでもわかったことはあります。

隙間テープを張ってすきま風を減らすなど、小さいことなら業者に頼まなくてもできます（もしかしたらクロス張りも）。

そんな小さなことから始めて、またいつかは本格的なＤＩＹはしたいですね。

ウッドデッキ付きの物件などつくってみたい……いつかは……。


セルフリフォームに、とても興味のある方も多いと思います。ホームセンターやいろいろなところで体験セミナーも開かれています。自分で工事作業すればリフォーム代も安くつきますし、自分で手入れした分、思い入れもあります。自分で住もうというのならまったく問題ありません。

もしかしたら、ちょっとでき栄えの悪いところも味に感じるはずです。

力石さんは、どちらにしても自分が引っ越す時には再度賃貸転用向きにリフォーム業者に頼まざる得ない状況になりました。

もし水道の蛇口が入居者のいる時に不具合が出て吹っ飛んで当たってしまっていた

らと思うと、私はゾッとしました。

賃貸住宅は、あくまで入居者という第三者に住んでもらうので、大家さんが自己満足できるものでも、**家賃を払ってくれる入居者にとって納得できるクオリティーかどうかは別問題**です。

やはり家賃をいただいている以上、満足して住んでいただくには、最低限住むためのインフラは整える必要があります。

自分で住むなら、クロスが少しはがれていようが、蛇口の向きが少し傾いていようが、自分でやったものですから愛着があるのでOKですが、いざ賃貸となるとそうはいきません。

セルフリフォームでリフォームコストを低減するのはとてもいい考えですが、その前提として、賃貸で家賃を払ってくれる入居者も納得できるクオリティーに仕上げる自信がある場合です。

前著の成功事例で紹介したTさんは、予算の関係でセルフリフォームをしてもらうことにしましたが、Tさんの場合は、お父さんが大工さんで、子供の頃から手伝いや作業の経験もあったからお勧めしました。

それでも素人レベルでも何とかやれる部分だけをセルフリフォームしてもらい、そのほかはプロに依頼してもらいました。

セルフリフォームを否定はしませんが、家賃をもらうかぎり、その質は問われると思ったほうがいいのです。質を維持できないようならば、さっさとプロに頼んで家賃を稼いだほうが、質はもちろんのことスピーディーです。

入居者が入らないかぎり、1銭も生まないのです。工事に1カ月遅れればその分、家賃をもらい損ねるチャンスロスを起こしているということです。

あなたがどちらを選択するかはお任せしますが、賃貸転用のことを考えるならば、私はプロに任せたほうがいいような気がします。

リフォーム代のかけすぎで失敗しないために……三木

多くの人は、入居者のためだと思ってリフォーム費用をかけすぎてしまいます。まったく利回りが出なくなってしまい、採算に合わない〝ボランティア物件〟になってしまっている人がいます。

一般に、入居者のためにコストをかけてあげることは悪いことではありません。しかし、不動産投資としての視点からすると、しっかり予算管理をしなくてはなりません。

せっかく当初の試算上は儲かる物件だったのに、いざリフォームの段になると、あれやこれやと追加工事をしてしまうものです。

こうした原因は、**あなたと入居者との求めている質にギャップがある**からです。

ポイントは、あなたの目線でリフォームを考えないことなのです。多くの場合、きれいにリフォームをすれば入居者が付きやすくなるといった投資家・大家側からの考え方で、少々生活に関する目が肥えています。

しかし、あなたが入居してもらおうと思っている人は、実はそれほどの質を求めていない場合が多く、質よりも自分の収入に見合った家賃の物件を探している方がほとんどです。

たとえば、あなたの考える生活レベルからすると家賃月10万円の分譲並みの部屋を考えてしまいます。しかし、物件を内見する方は、家賃月5万円の予算で探していきます。そのため、家賃月5万円の物件の中から選んでいます。けっして10万円の家賃のクオリティーの部屋を求めていません。

ということは、**家賃に見合う質のリフォーム工事でOKなわけです。**そのため、どの程度までやれば入居者が決まるかを見極めて、家賃に見合う工事をすればいいのです。

一般的に貸主である大家さんの目線から見ると、「こんな程度でいいの?」と思うくらいでちょうどいいのです。

ですから、無理やり和室を洋室にしたり、大きなお風呂を入れてみたりというのは、あなたの感覚が良すぎるのです。しかし、工務店も工事をしてくれればくれるほど儲かるわけですから、あえてアドバイスしてくれたり意見を提案してくれたりしないと思ってください。

ここは大家さんがしっかり予算管理して、たとえば200万円の予算の中でできる最大限の品質のものをやってもらえばいいわけで、工務店に言われるままにあれやこれやとリフォームしてしまうと予算倒れの物件になってしまいます。

必ずリフォームしなければならないのはどこか……大熊

リフォームは、いくら安くしたいからと言っても、やらなければいけないところは必ずあります。それは「電気・畳・壁・浴槽・床・(天井、階段)」です。

その理由は、次の通りです。

【電気】

古家の場合、電気の容量そのものが足りない場合が多く、入居者が住み始めてすぐにヒューズが飛んでしまうことが多くあります。これではクレームになりますので、リフォームの際に、何アンペアの物件なのかをチェックし、必要に応じて電気のリフォームをします。

【畳】

ほとんどの場合、畳は表替え*しします。かなり傷んでいる場合は新品にします。リフォーム完成後、畳が汚ければそれこそ入居者は付きません。

【壁】

80%ぐらいの壁は塗装できれいにしますが、ものによってはそのまま何もしない壁もあります。何もしないでいい場合の判断基準は、入居者が希望家賃で決まるかどうかです。

【浴槽】

浴槽がステンレスの場合は、磨くときれいになるのでそのまま使う場合もありま

＊表替え……表面のゴザ（井草）を新しい畳表に張り替えて、畳の表面をきれいにする畳替え。

す。グラスファイバーの場合は、塗装で表面をきれいにします。ホーローの場合は交換します。もちろん予算によっては、ユニットバスにそっくり入れ替えるものもあります。

【床】

古家の場合、床が緩んでいるものが多いため、床の張り替えをしなければならないケースが多くあります。もし問題がなければクッションフロアか畳の表替えだけにします。

【天井】

天井はあまり目立たないので何もしない場合も出てきます。かなりひどく汚れているものは、予算を見ながら塗装を使って雰囲気をつくります。

【階段】

階段をリフォームすると予算がかかるため、ほとんどはそのまま使うことになります。仕上げに塗装する程度にとどめます。


【ベランダ】

ほとんどの場合、防水塗装をします。戸建ての場合、ここからの雨漏りが多いからです。以前にやっている物件であれば防水塗装はしません。あくまでも状態しだいです。

そのほかの損をしないためのチェックすべき部分……大熊

リフォームの際、築年数の古い古家はさまざまな部分で老朽化が進んでいます。そのため、建物自体のチェックをする必要があります。あまりに老朽化していれば、購入判断の際のリフォーム代が高くつきますので、購入前に必ずチェックしたいところです。

あとで入居者からクレームがくれば修理しなければなりません。大家業として必要な項目です。

【シロアリ被害対策】

空き家再生の場合の多くが、売主の瑕疵《かし》担保免責であり*シロアリによる被害があった場合には買主が何らかの処置をしなければなりません。

古家の場合のほとんどが床が緩く、一部が下がっているのをよく見かけます。購入前には見ることができませんが、ほぼ腐食かシロアリかを想定しておきます。

購入後、床をめくり基礎と土台、柱の状態やシロアリなどの確認をします。著しくひどい場合は、土台、柱を取り換え金具などで補強します。それほどひどくなくて白アリの可能性がある場合は、シロアリの薬を散布します。

【基礎の傷みによる建物の劣化】

建物が傾いている物件にもよく出会います。

築40年以上の建物の多くが布基礎です。傾きもさまざまですが、造作で床をレベル調整できる範囲か、基礎自体をジャッキアップ*等で上げるかのどちらかを行います。

＊瑕疵担保免責……瑕疵とは欠陥ということ。不動産の場合、雨漏り、シロアリ被害、建物の傾きで本来取引の目的が達成できないような、一見しただけでは発見できないような欠陥。築年数が古いため、個人の売買では、あとになって責任を問われないように免責にしている場合が多い。

前者でいける場合のみの物件を見つけるのが大事です。もし後者の場合は、多額の費用がかかり投資には見合いません。

物件調査時にはまず建物の周りを1周してください。その際、基礎にクラックが地中付近まで入っている場合は要注意です。

【配管、配線の老朽化】

先ほども言いましたが、ほとんど1階部分は造作による床調整をしますので、その際は内部にある給排水は確認、補修を行います。

また、電気容量も当時と現在では使用量も変わり容量もアップしています。その場合、古い配線の取り換えを勧めています。

日々のことですので安心が一番です。

【耐震補強】

空き家・古家再生の場合は、あまり耐震補強はしません。

そもそも利回りが悪くなり投資にならないからです。それでも、過去に2回ほ

＊ジャッキアップ……ジャッキアップ工法という。木造住宅の基礎が大きく傾いた時には、土台から上をジャッキで持ち上げて水平に調整する工法。

ど工事をしたことがあります。助成金が出るということでしたが、結果的には助成金以上のお金と時間がかかりました。計画から実に2年近くかかり、しかも利回りも悪くなりました。

全古協での耐震の考え方は、そもそも新耐震基準そのものが実情とギャップがあると考えています。その証拠として、阪神大震災でも残っている建物もたくさんあります。もちろん直下型の地震がくれば鉄筋コンクリートでも倒れるのですから、倒れたものもたくさんあります。

要は旧耐震基準の建物でも十分持っているものもあれば、持たないものもあると言うことです。

旧耐震基準の住宅自体はたくさん存在しています。そもそも貸家であろうが居宅であろうがリスクは同じです。そこは投資なのでリスクも含め考えてください。

ちなみに、新国立競技場の設計をした隈《くま》健吾さんはこう言っています。

「コンクリートの建物は、買い手が品質の判断ができない。信用取引に基づいたもので、データの改ざんのような偽装が起こりやすい。コンクリートの建物が安心・安全は妄想。イメージは人間の日常を支えたり命を守ったりはしない。

コンクリートでできたマンションは、完成した瞬間から劣化が始まる。建て替えも容易ではない。木造建築のように部分的な部材取り換えや設備更新の仕組みがないので朽ち果てていくしかない。だからと言って、木造のほうが安全とは言わない。ただ、リスクは同じようにあると考えている」

木造の古家の耐震については、一般に耐震工事では建物の壁などを強くすることに重点が置かれていますが、一方で古い建築物が倒れないのはしなやかに変形することで、地震の震動エネルギーを上手に逃す仕組みがあるからです。

そもそも木造は、無数の木と木のつなぎ目が擦れて衝撃を吸収することで、振動に耐えていると考えられています。古い建物で何度も震災をくぐり抜けているものには、この仕組みがうまく働いているものもあります。

一概に、耐震工事で強度を増すことだけが地震に強いとは言えないのです。

しかし、念のための地震保険に入っておくことをお勧めします。

ステップ 4

入居者を付けて大家業を始める

１００％の確率で入居者を付ける……大熊

私の考え方ですが、空き家・古家再生では入居者が付かない物件はないと断言できます。もちろん、収益に見合わない無理な物件は最初から購入しませんので、**これまでの実績では１００％入居者が付いています。**

それは、多くの古家再生をしている実績があるので断言できます。

実際に、私が築50年の木造アパート3階建てを購入した時の話です。まだ空き家・古家不動産投資を始めたばかりで、よくわからず買った物件の1つでした。場所は駅から遠く、山の上で登山道の入り口です。道も狭く、ちょっとした渓谷の傾斜地に立っている物件を安く購入しました。普通の人なら絶対買ってはいけない物件です。

リフォームも終了し、賃貸不動産業者に入居の案内をお願いしに行きました。

その時の不動産屋の言葉が今でも忘れられません。

「その物件はダメです。ただでも入居者を付けることができません。絶対無理です！」。通常、賃貸業者はやる気がなくても、「はい。わかりました。頑張ります」とか、「うーん。厳しいところですね。でも絶対いないわけではないので……頑張ってみます」など、気を使って返事します。

それをはっきりと無理だと言われかなり落ち込みました。しかし、放っておくわけにはいきません。何とか入居付けをしないと融資返済もあるので大変です。

私は、その物件の沿線にある100軒弱の賃貸業者に訪問、お願いして回りました。それを3カ月の間に3、4回は行きました。大変苦労しましたが、この経験から、いろいろなことがわかりました。

1. 賃貸業者内での情報共有はほとんどされていない（1人の担当者に言っておくと大丈夫は禁物）。
2. 意外と遠くまで案内してくれる（地域によりますが、10駅ほど離れた賃貸業者が案内してくれました）。
3. 条件の悪い物件でも、差別化があれば記憶に残るし案内してくれる。

4. 訪問の時の対応が悪くても案内してくれる業者、すごく対応はいいのにまったく案内してくれない業者がある。
5. 担当者は常にたくさんの物件情報を見ているので、印象に残る大家になることが大事。
6. 大家さんや物件に関係なく、管理会社の評判が悪いと案内してくれない。
7. 担当者は常に忙しいので手間のかかることはやりたがらない。
8. 本当にいろいろな人がお店に来る。

そうしたことがわかった中で、自分の物件に唯一良いところは広いという強みでした。そこで、私は部屋にアクセントカラーを入れたり、飾り付けをしたりして写真映りを良くしました。

訪問時に印象が良くなるように仕掛けをしたのです。

次に家賃設定を4ＤＫで最安値になるように設定。賃貸仲介会社に紹介してもらう物件資料「マイソク」*をわかりやすくつくりました。そうした準備をして業者回りをするときにドリンク剤を持って行き、顔を覚えてもらう作戦を実行しました。

＊マイソク……仲介不動産会社の情報源として、物件の概要、間取り図、地図などをまとめた資料の通称。売買物件、賃貸物件ともにある。全古協ではマイソクも差別化し、賃貸不動産業者にかかわらずプランナーが自ら近隣に営業活動を行うツールとしても使う。

営業の方と話をするときに、条件は柔軟に対応すると伝えるなど、さまざま取り組みもしました。

結果は3カ月で満室になりました。その時必死になって入居付けをすることで、今では自信を持ってアドバイスできるようになりました。

ちなみに面白い話があります。ある入居した方は、病院から運動するように指摘されていたそうです。それが入居の理由です。家が山の上にあればイヤでも歩くからということです。本当にさまざまな人がいるのです。

アパートやマンションは供給量が多いので競争が激しいですが、それと比較すると戸建ての貸家が少なく希少価値があります。そのうえ、貸家の中でしっかりと差別化されてリフォームしているものがほとんどありません。ですから、必ず入居が決まると言えるのです。

リフォームが終わると、まずはマイソクをつくらなければなりません。そのための条件設定をします。

家賃設定は、相場家賃の調査から始めます。周辺の賃貸業者へリフォームの写真と間取りを持って訪問します。そして、**「どれくらいで貸せるのか？」「どんな方がターゲットになるのか？」「競合物件はどんなものなのか？」**を聞いてください。

この聞き方がポイントです。

たとえば、窓口の方が「この3DKの物件なら5万円くらいですね」と言ったとします。そこでいろいろと質問していきます。

「5万円ならどのような物件が競合になりますか？」

「そうですね。近くのマンションでこの大きさなら5万円であります。同じ価格なら十分選ばれると思います。ただ礼金は2カ月でいいのですが、交渉可にしていただければ決めやすいです」

「では、4・5万円ならどうですか？」

「それなら早く付くと思いますよ」

「5・5万円ならどうですか？」

「うーん。すこし高いと思いますが付かないことはないかと……」

「ほかに早く付ける方法はないですか？」

「敷金・礼金をゼロゼロにするのはどうですか？　最近の方は初期費用を抑える傾向にあるので……。あと、エアコン付きにするとか？　電動自転車付きにするとかも面白いかもしれません」

そんな会話で適正家賃や条件を調べていきます。

あとは、自分がどうしたいかも考えましょう。時間がかかっても少し高めの家賃設定をする、少し安めの家賃設定で早めに付けてしまう。それぞれのやり方があってもいいと思います。

私のアドバイスとしては、適正家賃より少し安めに設定するのをお勧めます。多くの方が家賃を高く取りたい、利回りを上げたいと言います。

たとえば、5万円相場のところを5万3000円で貸すことにしたとします。しかし、そのために3カ月入居付けが遅れたとしましょう。3カ月なら5万円／月で15万円。3000円アップでそれを取り返そうとすると50カ月かかります。

それなら少し安くしてでも先に入居してもらうほうがいいですよね。そういうと誰もが納得しますが、実際にその場になるとなかなか決断できない心理が働きます。

しかも、5万円で出していて4万8000円の借主が現れ、募集したばかりだったのでお断りしたとします。ところが、3カ月たってもなかなか借主が現れない。そうなると、最初にあそこで安くても貸しておけばよかったとなります。

何が正解かというのはありません。相場より1万円違うとさすがにダメだと思うのですが、2000～5000円の範囲の中では、何が起こるかわからないのが現実です。

縁というのもあるでしょう。ただ言えるのは、リフォーム後すぐに来た申し込みを断った例で、その後入居がなかなか決まらないことが多いように思います。

これも理論的なものはありません。大切なことは入居者の気持ちになることです。相場より高い家賃で入っていたとしましょう。やはりどこかのタイミングで引っ越しを考えると思います。逆に相場より安い家賃ならその可能性は低くなるでしょう。

投資のことばかりが頭にあり、入居者の気持ちを理解できなければ長期での大家業（ビジネス）として成功しません。もちろん家賃だけではないので、家賃以外の魅力を付けることによって入居者が満足して高い家賃を払う場合もあります。

どちらにしても入居者満足がキーになります。

家賃設定でのポイントとして生活保護の価格があります。

全古協は全国の空き家をなくす理念のもと活動していますが、そこには低所得の方々の住まいを充実させることもあります。安い家賃でも広い住居・プライバシーが確保されている、ペットなど趣味と一緒に生活できるなど、低家賃帯の方でも住環境をよくすることが大切だと考えています。

そして、その家賃帯は一番人口の多いゾーンになります。家主業としてはお客さんが多いゾーンということです。そのゾーンをターゲットに、地域貢献も含め大家業の繁栄を図ることがＷＩＮ－ＷＩＮを実現できるのです。

さあ家賃が決定しました。いよいよマイソクをつくります。

マイソクはとても大切なものです。できれば自分で思いを込めてつくってください。マイソクが普通のものなら賃貸業者の担当者は、あなたの物件を覚えてくれません。そうすると、いくらいい物件でも存在していないのと同じです。しっかりとつくり込みましょう。

マイソクのポイントは写真です。カラーで魅力を高めてください。

そのために、差別化リフォームにしているのです。

とは言っても、最初からマイソクをつくるのはハードルが高い、仕事が忙しいので時間を取れないという方は外注で作成してもかまいません（ちなみに全古協ではマイソクをつくるお手伝いをしています）。

ただ、自分の物件は自分で入居者を付けるという本質は忘れてはいけません。慣れていない作業を依頼しても依存することとは違います。

戸建ての強み（売り）は、何と言っても独立していることです。

その強みを生かすのに最適なのはペット可でしょう。ペットを買っている世帯は増えています。逆にペットＯＫのマンションは少ないのです。以前よりは増えてきているとはいえ、まだまだ少ないと言っていいでしょう。

しかも、ペットＯＫのマンションですら住人と揉《も》めるそうです。

先日、会員の戸建て物件に入った方が言っていたそうです。

「ペットＯＫのマンションでしたが、嫌がらせされました。それでそういうことがない戸建ての貸家を探していたのです。なかなか低家賃のペットＯＫを探すのはひと苦労です。多少場所が悪くても戸建てなら安心なので……」

こういったニーズがあるので、ペットＯＫをマイソクに入れるのは強みになります。最近では、犬の世帯を超えたと言われる猫ＯＫはもっと強いですね。ペットＯＫのマンションでも猫はＮＧのところが多いからです。

経験的に、戸建てではペット１匹３０００円の家賃をアップ、２匹目以降は１００0円アップするのが多いので、戸建てペット可は入居者の方にとってもオーナーにとってもありがたいと言われます。

■ペット可のマンションで犬を2匹飼っていても嫌がらせを受け引っ越し

ある入居者の方ですが、ペットＯＫのマンションで犬を２匹飼っていました。しかし、周りの住民に嫌がらせを受け引っ越しを決意したと言います。

ペットＯＫのマンションでも、すべての人が寛容なわけではありません。その方は引っ越せるところがないと困っていました。同じようなマンションでは意味がありません。安心してペットと暮らせるところはないだろうかと探していたところ、業者から戸建てはどうですかとの提案を受けました。

しかし、そんなに家賃は出せないと思っていたようです。なぜならば、戸建ての家賃は高いと思っていたからです。

不信感を持ちながらその戸建て物件を見に行くと、きれいだし広いし、何より戸建てなので周りを気にしなくていい。しかも、女性が好む色合いでのデザインリフォームでした。夫婦2人と子供1人、ペット2匹には最適です。

さて、肝心の家賃を聞いてびっくり。今まで3DKのマンションで6万円ちょっとだったのが、それよりも少し広い戸建てが5万5000円。

願ったりかなったりで、すぐに入居されました。大家さんも感謝されたそうです。

■猫不可のマンションで退去勧告を受けて戸建てへ

私は猫を飼っていましたが、どんどん増えて4匹になってしまいました。もともとそのマンションは猫不可で、それが見つかって退去勧告を受けたのです。

引っ越し先を早急に探さないといけません。たくさん問い合わせてみましたが、犬ならいいけど猫はダメという返事ばかり。なかなか引っ越し先が見つかりません。

ある時、賃貸不動産業者から電話で、猫ＯＫのところがあると連絡が入りました。「やったー。これで引っ越せる」と心の中で思いました。聞くと戸建てでしかもいいリフォームだったのです。

と同時に、私はがっくりきました。戸建ての貸家に払える家賃はないと思ったからです。しかし、心配ありませんでした。家賃４万５０００円＋ペット４０００円でいけます。

「さっそく今度の日曜日に見に行きませんか？」と言われ、私は期待してはいけないと自分に言い聞かせながら内見に行きました。実際に中を見ると、カラフルな壁に猫部屋として壁にキャットウォークがあるじゃありませんか。家族が暮らすにも十分な広さですし、何より猫が喜ぶ姿がイメージできました。私は喜んですぐに申し込みをしました。

今では猫好きの友だちに羨ましがられています。

さあ、マイソクができ上がれば、管理会社があればレインズに掲載してもらいます。

そして、賃貸業者回りに行きます。**時間帯は、平日の午前中など業者が忙しくない時を狙《ねら》っていくのがベストです。**相手も余裕があるので丁寧に話をしてくれます。

もし、お客さんを相手にしている時は、改めての訪問かマイソクだけ置いて帰るようにします。相手の仕事の邪魔にならないよう、お互いビジネスパートナーとして感謝し合える関係づくりが大切です。


あとは、全古協の会員の方へのアドバイスとして、入居者と直接つながる方法も伝えています。

1つはウチコミ*という部屋を探している人と直接やり取りができるサイトや、物件正面の看板、近所のチラシ撒《ま》きなどです。家の前の看板は大きな宣伝になります。工事中から掲げておくと、近所の方が探していることがよくあります。

以前にもこんなことがありました。リフォーム中に隣に住んでいる方が来て、再生士とこんなやり取りになりました。

「ここ貸し出しするのですか？」

＊ウチコミ……大家と入居希望者が直接やり取りをする仕組みのサイト。

「はい。そのようです」

「それなら私たちの親が少し遠くに住んでいて心配なので隣に住まわせたい。家賃はどれくらいですか？」

「了解しました。それでは、家主さんに聞いておきます」

すぐに契約が決まり、大家さんは大喜びでした。

そのほか、「私の親戚《しんせき》が家を探している。紹介したい」「自分の子供夫婦に、私たちの近くに住んでほしいので紹介したい」など、家の前の看板でも結構な宣伝になります。

ただ、気をつけないといけないのは、そこでも**賃貸業者さんへの気遣い**です。

たとえば、家の前に自分の電話番号など入れておくと、賃貸業者さんはお客さんを連れて行きにくくなります。それは、連れて行ったお客さんが直接電話するかもしれないからです。

そうすると商売にはなりませんよね。そんな時は、連絡先を管理会社にしたり、近くの賃貸不動産にご連絡してくださいと書いておくのです。

■最終的に家賃1万円アップ！ 12匹の猫と一緒に暮らしたい家族の入居

全古協では、空き家・古家を再生し、賃貸経営を始める方には、大きく分けて①「物件取得」、②「リフォーム」、③「入居付け」の3つのフェーズで必要な情報提供、適切なアドバイスをしています。

今回お伝えするエピソードは、私たちのアドバイスも入っていますが、とある物件を取得し、リフォームを終えて入居付けの段階に入っていたYさんの話です。

Yさんは初めての賃貸経営で、業者とのつながりもありませんでした。そのため、全古協がその地域の不動産賃貸業者を紹介しました。その不動産業者は、主にインターネットを活用し入居者の募集を行っていました。

今回掲載した物件の募集条件は、以下の通り。

家賃：6万円
敷金：0円
礼金：0円

ペット：可

件の表面利回りは12％前後を目指していました。

入居者の募集開始から1ヵ月内に数件の内見の問い合わせがありました。

私も「家賃はもちろんのこと、その他の条件も相場に合致しているから、早々に入居者も決まるだろう」と思っていました。

そう思っていた矢先、全古協の相談員にYさんから連絡がありました。

Yさん「あの～、募集の件で相談なのですが……」
相談員「どうされました。内見は複数あると不動産屋さんから聞きましたよ」
Yさん「いやぁ～、それがですね……ペットを飼いたいと言われている方がいらっしゃるそうなんです」
相談員「そうなんですね。でも、ペット可だから問題ないのではないですか？　犬ですか？　猫ですか？」
Yさん「猫らしいんです。でも12匹もいるようなんです……」

相談員「12匹ですか!?　それは初めて聞きました。正直、私も初めてなのでわかりません……」

相談員も経験のないことはアドバイスしようにありません。ですが、想定できる懸念事項などはアドバイスをすることが可能です。この場合の心配ごとは、退去時の物件状態です。相談員が答えた「わからない」というのは、この退去時にどの様な状態になるかがわからないということです。

なので、相談員はYさんに以下のようなアドバイスをしました。

相談員「う〜ん、正直、経験がないので何とも言えませんが、Yさんにご不安があるのであれば、ペット可で募集しているとはいえ、お断りになっても問題はないと思いますが……」

Yさん「でもそのご家族、たぶんほかでも断られていると思うんです。だからお困りだと思うんですよね。それを私があの家を提供することで解決されるのであれば、有意義かなとも思っていて……」

私は、「お困りの方に応える」ということは、商売の原点だと思っています。自分にとって都合の良い人を募集するのではなく、本当の意味で困っている人にこそサービスを提供するというYさんの意向に共感しました。そして、相談員は「それであれば、具体的にお話を進めることにしましょうか。業者さんに私からもご家族の構成や人となりを聞いてみますね」と回答をしました。

話の結果、その家族に物件を貸し出す方向で検討することになりました。ただし、すぐにはOKを出せませんでした。理由は、それだけのペットを飼育するということは、入居する方の人となりが飼い方に現れ、物件の損傷度合いや近所との関係に影響を及ぼすと思ったのです。

ここで余談ですが、入居付けをしてくれる業者にもさまざまあります。

●ただ手数料を得るために、誰でもいいから契約してくれれば良いと考えて、入居申し込みをして成約に至らせようとする業者。

●入居する人をシビアに見て判断、アドバイスしてくれる業者。

物件の破損ももちろんですが、家賃滞納や近隣住人とのトラブルを起こされたりすると、金銭的な損失もそうですが、トラブルに対する対応に追われたり、心理的に負担を抱えたりと良いことはありません。

そういった面でも信頼できる業者さんは大変貴重であり、賃貸経営を行ううえでの重要なパートナーとなります。

しかし、Yさんの件では、よくお付き合いのある業者の女性のスタッフの方からの相談でした。幸いにも、今回のお話を持ちかけた業者は、全古協の関わる戸建てに何度もお客さんを紹介してくれている業者だったので、入居希望者の詳細情報は把握ができるなと思ったのです。

相談員は、その女性スタッフと以下のやり取りをしました。

相談員　「○○（女性スタッフ）さん、Yさんの戸建ての入居希望の方の件をお聞きしましたが、実際のところどうですか？」

スタッフ「何度かお会いして、物件のご案内をさせていただいていますが、良い方だと感じています。家族構成は、お母さんと娘さんと息子さんの3人で、猫が12匹になっている理由は、捨て猫が可哀想で見てしまうと知らない顔をしていられないということでした。今回住まいを移して、引き取っていただける方がいたら里親に出したいと言っておられます」

相談員「率直に言って、私には判断ができませんが、Yさんはお困りだろうから、そのご家族にお貸しして良いかなとお考えとのことなのですが、どう思われますか？」

スタッフ「やはり現状の猫の数から、ほかにお住まいがなかなか見つからなくてお困りで、もし住まわせてもらえるなら、大事に住んでいただける方だと思いますよ」

この女性スタッフは、断ったほうが良いという時は、断りましょうと言ってくれる方なので、その言葉に従いました。

そこで相談員は、Yさんに「ペット可で募集する場合は、ペットにもよりますが、1匹の場合、家賃プラス3000円、2匹目以上は1匹に対して2000円を増額するなどの方法で募集してはどうか。また退去時のために、敷金とは別に修繕費を家賃で積み増ししてはどうか」とアドバイスをしました。

ただ今回の場合、12匹で計算すると、2万5000円（1匹×3000円＋11匹×2000円）となってしまいます。4割アップはさすがに入居者の足元を見ているように思われてしまいます。

ただ今後、里親に出していくお考えがあるとのことでしたので、さらに以下のアドバイスをYさんにしました。

「家賃1万円を増額して7万円でお貸しする」

このアドバイスをYさんも承諾したので、女性スタッフに相談員からその旨を伝えました。そして、入居希望者に彼女から伝えてもらったところ、「むしろそうしていただいたほうがありがたい」とのことでした。

これで、無事に入居が決まったのです。

賃貸経営は契約が完了し、初期費用などが振り込まれてからが本当の始まりです。Yさんは、最初の物件にして、本当の意味で入居者に喜ばれて、とても満足したのです。

Yさんは最終的に、入居付けしてくれた業者に、そのまま管理業務を依頼することにしました。

その業者と別件で話をした機会があった時に、あの12匹の猫の件が話題になりました。その後、里親の募集がうまくいき、今は3匹の猫をご自宅で飼われているとのこと。

最終的な表面利回り、増額した家賃がどうなったのかということは、お読みになられているあなたのご想像にお任せします。

空き家・古家には、どんな入居者が来るのか……大熊

戸建ての場合、単身者というのは例外を除いてありません。小さくても3DKの部

屋を使い切るには2人家族以上です。統計を取っているわけではないので感覚なのですが、年齢層でいうと40代前後が多いように思います。人数でいうと3人家族です。

時に大人数が入る場合があります。

私の物件でのことです。3DKの戸建て物件に5人の家族が入られました。母子家庭の方で、旦那からDVを受けて逃げるように引っ越しされてきました。

お母さんと子供が4人です。一番上が中学生で小学生が2人、幼稚園児が1人の構成です。少し狭いですが、元気盛りの時期なので周りに迷惑かけるマンションよりも戸建てで気にせず生活したかったのでしょう。

家賃は5万5000円だったので住宅扶助にも入ります。最初、業者からの話では引っ越ししてからでないと生活保護を取れないので、先に賃貸契約をしてほしいとのことでした。

それは大家としてリスクがあります。万が一引っ越ししてから生活保護の認定を受けられなければ滞納者になってしまいます。しかし、何とかしてあげたいと思う気持ちで考えました。

まずは窓口になっている賃貸業者の担当者に、その方がどんな人なのか聞きました。すると、「とても謙虚で低姿勢で悪い人には見えない。何とかしてあげたいと思う」と言います。

次に行政に電話して、その方が生活保護者になるのかを確認しました。保証はないですが、その役所の方も嘘《うそ》をつくような人には見えないと言います。

そこで私は決断しました。

先に契約し、引っ越しをしてから生活保護の申請を役所に届けてもらうことにしました。結果は、無事に生活保護が認められました。もう4年たちますが、今でも住んでいます。おそらく長く住んでもらえることでしょう。

■48歳母子家庭の方が入居

私はスーパーに勤める小学校低学年の子供2人の母子家庭です。数カ月前に主人と別れて、そのままマンションに住んでいました。生活は楽ではなく、3LDKのマンションの家賃6万5000円は負担が大きく、引っ越しを検討していました。

子供が小学生なので、同じ学区内で安いところはないかと探しました。家賃を落とすとかなり古いアパートになります。子供が暴れたりするので音が心配です。いいところがないか別の賃貸不動産屋さんに行ったところ、「それならピッタリのものがあります。長屋ですが家賃は4万7000円。勤務地に近いですし、3DKでお子さんと暮らすには十分だと思います」とのこと。

私の心の中では、「はぁー、長屋かぁ。ボロいんだろうなぁ」と思いましたが、家賃を抑えるには仕方がないと期待せずに見に行きました。

現場に着くと、長屋なのにそこだけ外壁が黒に塗られています。窓には木で格子がつくられています。いい雰囲気です。しかも自転車も止めるスペースがある。

ちょっと期待して中に入ると、落ち着きのある壁の色ときれいに飾り付けしてあるテーブルがありました。建物は古いけれど、それを感じさせないおしゃれで住みやすい感じがしました。

子供が2階でばたばたしても気兼ねないし、場所も便利だしいい。何より家賃を計算すると1万8000万円も節約になる。これが決定的となり、この物件を契約することにしました。
おそらく子供が高校を卒業するまでは引っ越ししないと思います。

不動産登記を行う司法書士から見た空き家・古家不動産投資のメリット……大熊

全古協がお世話になっている中山司法書士事務所の中山泰道さんは、自身でも空き家・古家不動産投資を始めて、実際に大家さんになる方のための法律的なアドバイスをしています。

特に初めて空き家・古家不動産投資を始める方にとって、こういった方は貴重な存在であり、安心できるパートナーになると思います。

また、空き家問題も深刻化し、賃貸転用を考える方が増えていくので、こうした法律手続きを行う方が少しでも多くなれば、安心して始める方もますます増えてくるのではないでしょうか。

司法書士として不動産登記の仕事をしていると、さまざまな不動産取引に立ち会います。マイホーム購入の取引はもちろん、アパート・マンション1棟の不動産投資や区分マンション投資の取引などもあります。

高額な投資物件を購入し、転売して利益を得られる方もいますが、短期間で何千万円という値段が変わったり、数億円というローンを組んだりというような不動産取引を見ていると、さすがに自分で行うにはリスクが大きすぎるなと感じます。

しかし、空き家・古家不動産投資であれば、不動産投資といっても、最初はローンを組まなくても始めることができ、比較的利回りも高く見込めることや、ほかの金融商品と違って、自分の努力次第（賃貸業者への営業や入居者目線でのアレンジなど）で成果も変わってくることに魅力を感じ、私自身も始めてみました。

そして、実際に大きな問題なく成果が出ています（未入居期間は1週間～3カ月ほど、表面利回りは12～20％ほど）。

また、投資という面以外でも、登記の専門家という立場で同じく不動産投資をしている仲間から登記の依頼を受けたり、質問・相談を受けたりすることもよくあります。

実際に自分が経験しているからこそ答えられたり、アドバイスできることも多く、登記の専門家である私が不動産投資を行うことで、自分のスキルアップにつながり、依頼者へのよりよいサービスにもつながっていると思います。

先日も、亡くなった親の古家の相続登記の依頼を受けたのですが、その方は相続後に不動産の売却を考えていたものの査定結果が希望とかけ離れており、売却をためらっておりました。

近くの物件でしたので、家を見せていただいたところ、リフォームをすればまだまだ借り手のつきそうな不動産でした。そこで、古家再生士に査定をしてもらい、また、近くの賃貸不動産会社に家賃相場を確認したところ、180万円ほどのリフォームで家賃5万円では貸せそうなことがわかりました。

最初にリフォーム代はかかるものの、約3年で回収できる見込みであることが見込めたので、その方は売却ではなく賃貸住宅にすることを選び、そして、結果にも大変満足しておりました。

不動産投資の場合、登記・税務・火災保険・リフォームは必須ですので、司法書士以外にも税理士・保険代理店・リフォーム業者の方はメリットがあると思います。また、弁護士や土地家屋調査士の方なども関わる要素があるので、空き家・古家不動産投資を行うメリットがあるのではないかと思います。

自分自身、空き家・古家不動産投資を行う立場からも、自分が依頼する専門家自身も同じことをしていれば、より心強く感じられますので。


古家不動産投資を行う投資家が増えてくれれば、物件を探すのは少し難しくなるかもしれませんが、自分の所有する物件の売却はしやすくなります。

不動産は現金化しにくいというデメリットも軽減でき、リスクの減少になると思います。利回りとリスクを考えると空き家・古家不動産投資はまだまだ優れた投資だと経験者として実感しています。

実際に大家さんになった人はどんな管理をしているのか……大熊

多くの会員の方は、実際の管理は管理会社にお願いしています。もちろん、依頼があれば全古協から古家に慣れている管理会社を紹介します。

アドバイスもこのようにしています。

「本業をお持ちの方は管理会社をつけたほうがいいですよ。少しの管理料をケチるだけで本業のパフォーマンスが落ちることのほうがよっぽど効率が悪いです」

しかし、こうも言っています。

「自分で管理をすると、大家業としてたくさんの勉強ができます」

どちらも正解です。ですから、あなたもご自身の立場で考えてください。

物件をドンドン増やす方は、管理会社にお願いしているのも事実です。自分で管理するとどうしても手間が増えるので、どんどん物件を増やしていく思考にはならないようです。

逆に、仕事を引退された方ならば、じっくりと自主管理ができるので本当に入居者といい関係をつくって大家業ができます。

戸建ての管理は、実は思ったほど何もありません。

そもそも戸建ての入居者は、自分の家のように考えることがよくあります。共有部分もないので揉めごとも起こりません。入居期間は長いし、自分で修繕してくれたりすることもあります。

ですから、たまに洗濯機の排水が詰まったとか、家の前の排水溝が壊れているなどの修理依頼があるくらいです。それも数万円の修理です。

私の場合は、そういった修理依頼がある場合は、できるだけすぐに業者に行ってもらって修理してもらいます。そこはケチらず、住みやすくなったなら自分の家の価値が上がったと思って割り切りが必要だと思っています。

結果的には、余計長く住んでもらえるのです。

業者への販促チラシ（マイソク）が入居付けの決め手……大熊

再生士が手がけるリフォームの最大の特徴は、ほかの部屋のものとは一線を画した、差別化された内装デザインにあります。

部屋の壁をおしゃれな色使いで塗り分けたり、量産のありきたりの柄物ではない、かっこいいクロスを張ったり、猫との暮らしを想定してキャットウォークを設備として取り入れたり、壁全面に絵を描いてしまったりということも行ってきました。

もちろん、将来の入居者に内装を楽しんでもらう意図もありますが、こうした差別化により、古家再生における大きなメリットを生み出すようにしています。

これは、「部屋を写した写真が、非常に印象に残るものに仕上がる」という点です。

このメリットが最大限に生かされるのが、リフォームが完了し賃貸募集をかける段階です。

一般的に、賃貸仲介会社に紹介してもらう物件資料であるマイソクを持って賃貸仲介会社へ入居希望者との仲介を依頼することになりますが、この物件資料に差別化された内装写真を載せることで、賃貸仲介会社へ強烈な第一印象（インパクト）を与えるのです（234〜239ページ参照）。

日々更新される膨大な物件情報をすべて頭の中で整理している営業マンに、印象の

[redacted]テラスハウス　**AD:2ヶ月**

ませんか？

大阪府堺市西区[redacted]

JR阪和線『[redacted]駅』　徒歩20分

■構造　木造２階建

■延床面積　40.25 ㎡　(12.20坪)

■築年数　44年

■水道　公営

■ガス　都市ガス

■汚水　本下水

■駐車場　無し

■現状　空室

■入居日　即時

■案内方法　キーボックス　玄関扉（番号：3210）

■設備　2階以上、バス・トイレ別、温水洗浄便座、地デジアンテナ、リフォーム済、即入居可、給湯器（追い焚き機能有）、ガスコンロ付属

■備考　・照明・飾付雑貨等は付属していません。（買取相談対応可）

賃料:40,000円 ■

共益/管理:なし　敷金:なし　礼金:なし ■

EFINE

室対策

アイン』

古家向け空室対策
『古家再生』

問合先	(株)健康創生館 村上様 tel 06-6261-5552	備考	AD2ヶ月

テラスハウス(3DK)入居募集!!

日当たり良好！　リフォーム済の住まいでおしゃれに暮ら

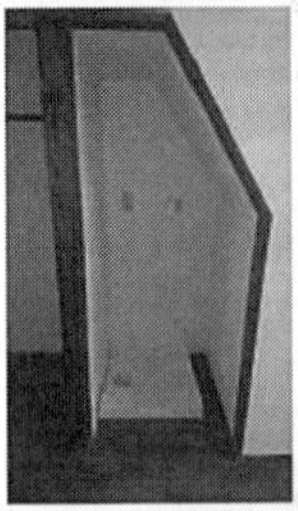

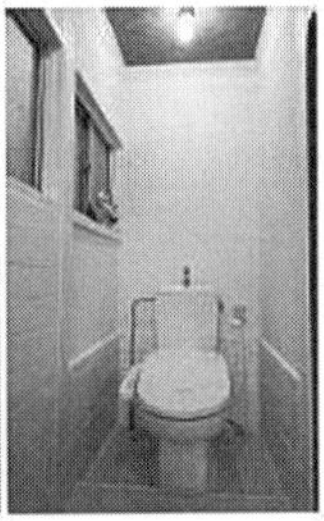

図面・写真・設備等が現況と異なる場合、現況優先とします。

テラス　ネコハウス・リノベーション物件　　**AD:2ヶ月**

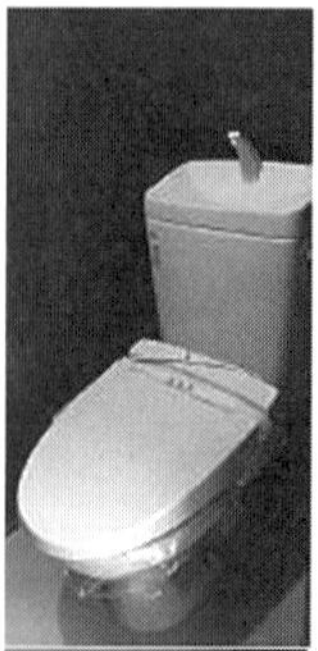

大阪府東大阪市

近鉄けいはんな線　　駅　徒歩25分

■構造	木造２階建	
■延床面積	40.15 ㎡	(12.17坪)
■建築時期	1973/05	(昭和48年5月)
■水道	公営	
■ガス	都市ガス	
■汚水	本下水	
■駐車場	なし	
■現状	空室	
■入居日	即時	
■設備	DK、洋室×3、キッチン新品、収納、バストイレ別、シャワー、洋式トイレ新品、ウォシュレット付、室内洗濯機置場、シャンプードレッサー、キャットウォーク、ねこまど、	
■備考	ペット可　ネコハウスでこのお家賃！！	

賃料:48,000円 ■

共益/管理:0円　敷金:なし　礼金:なし ■

EFINE

室対策
イン』

古家向け空室対策
『古家再生』

問合先	健康創生館 06-6261-5552	備考	AD２ヶ月

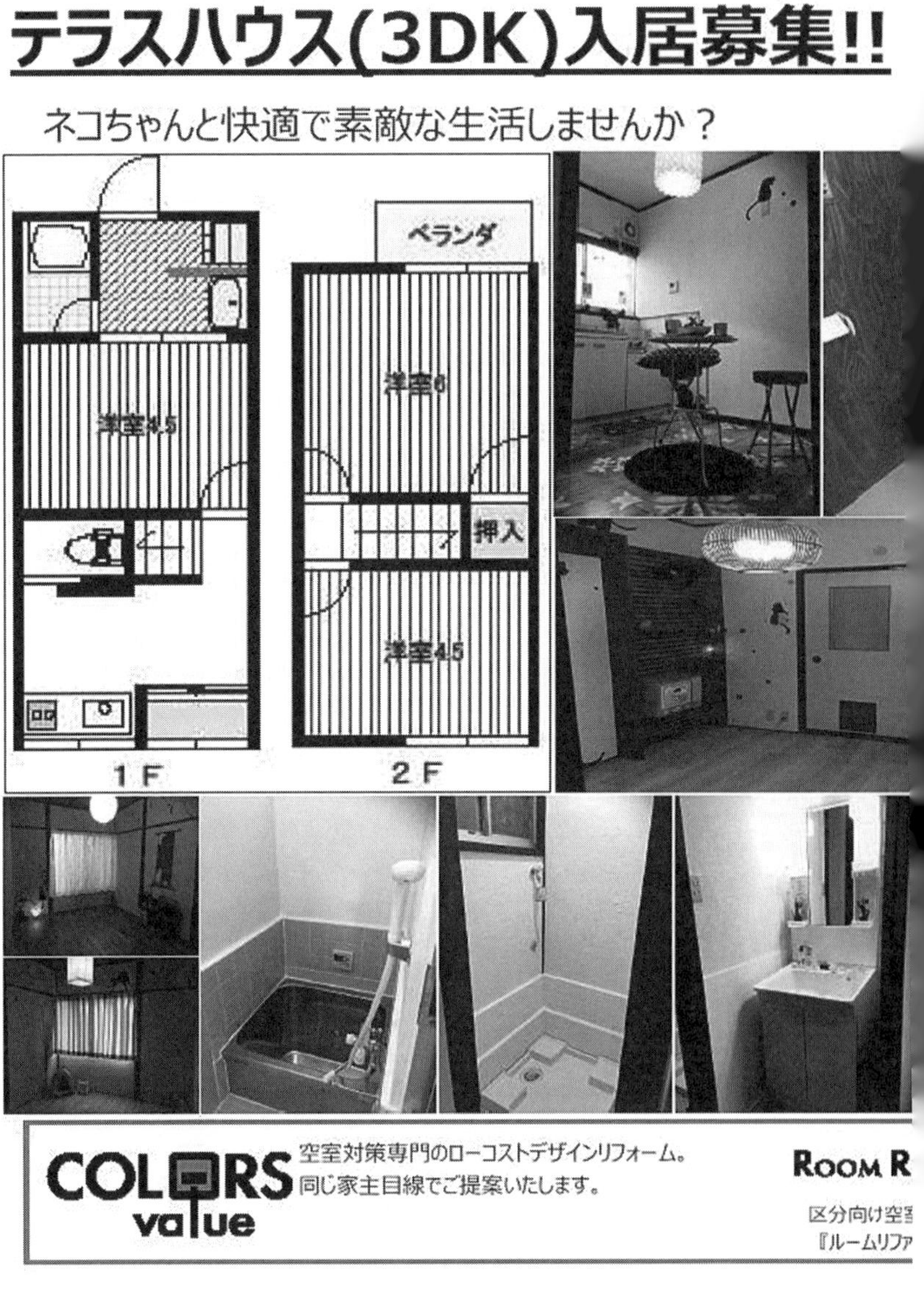
テラスハウス(3DK)入居募集!!
ネコちゃんと快適で素敵な生活しませんか？
ベランダ
洋室6
押入
洋室4.5
洋室4.5
1F
2F
COLORS value
空室対策専門のローコストデザインリフォーム。
同じ家主目線でご提案いたします。

[redacted]戸建　AD:2ヶ月

敷＆ワンちゃんネコちゃん飼育OK！！

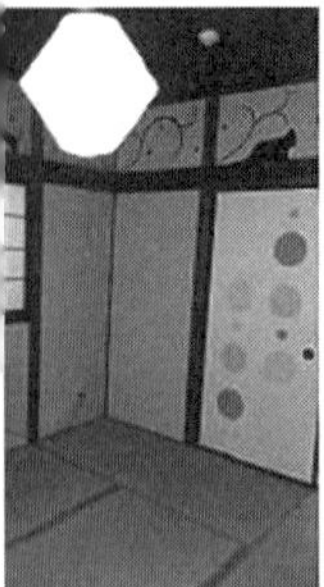

東大阪市[redacted]

JR学研都市線『[redacted]駅』　徒歩11分

■構造	木造２階建	
■延床面積	58.14 ㎡	(17.62坪)
■築年月	昭和53年7月	
■水道	公営	
■ガス	都市ガス	
■汚水	本下水	
■駐車場	無し	
■現状	空室	
■入居日	即時	
■案内方法	キーボックス	玄関左横（番号：3210）

■設備　2階以上、バス・トイレ別、温水洗浄便座、TVモニタ付インターホン、地デジアンテナ、リフォーム済、即入居可、給湯器

■備考　・照明・飾付雑貨等は付属していません。（買取相談対応可）

※キッチン流し台、内玄関、外玄関、トイレ、2階廊下の付帯照明は付属します。

賃料:58,000円 ■

共益/管理:なし　敷金:なし　礼金:なし ■

EFINE
室対策
ァイン』

古家向け空室対策
『古家再生』

問合先	(株)健康創生館 村上様 tel 06-6261-5552	備考	AD2ヶ月

戸建(3DK)入居募集!!

賃料大幅に値下げしました★可愛いペイントアートが特

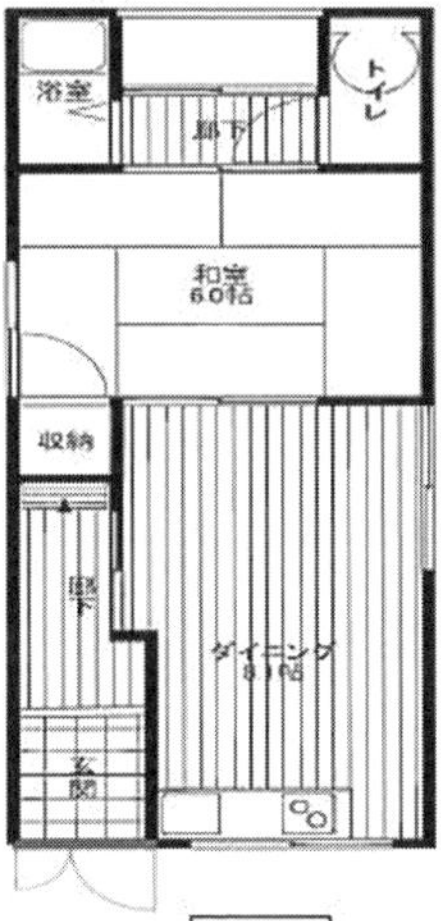

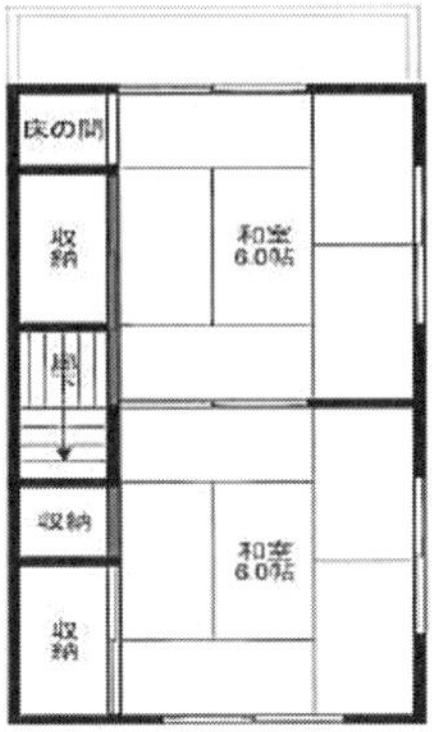

1階

2階

図面・写真・設備等が現況と異なる場合、現況優先とします。

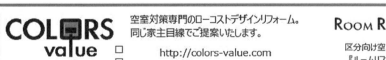

残る物件として、入所希望者へお勧めしてもらいやすくなるのです。

さらに、大手賃貸ポータルサイトで物件を探す希望者に対しても、そこに掲載される写真に目を惹《ひ》きつけるような「何か」があれば、内見へ訪れてくれる可能性が上がります。結果、入居成約となる可能性も上がることになります。

また、全古協が手がけた物件については、賃貸仲介会社へ直接物件資料を持ち込み、客付けをお願いする「業者回り」を行うことを勧めています。

業者回りを行うことで、次のような情報を仕入れていきます。

- 周辺地域と比べて、少し家賃が高めなので客付けに苦労するかもしれない（家賃設定）。
- この間取りでいうと○○代くらいの女性がターゲットになる（入居者イメージ）。
- 最近、この辺りでペットの飼える部屋を探している人がいた（差別化）。

など、非常に有益な情報を担当者から聞くことができる場合があります。

これらの情報をもとに、担当者に紹介してもらいやすい条件を考えます。

- **しばらく入居者が付かないので、業者回りの時に聞いた周辺の相場家賃で設定し直してみる。**
- **女性をターゲットに見据え、洗面化粧台を設置してみる。**
- **自分の物件はペットＯＫなのでぜひ紹介してほしいと、物件を売り込む。**

このように、戦略的に客付けを進めて行くことが可能になります。

これは、管理会社へ依頼して終わるだけではけっして得ることのできない大きなアドバンテージになります。

■25歳から始めたサラリーマン大家。家賃が給料を抜く!?

25歳から大家業をスタートしたサラリーマンの男性Iさん。

Iさんは専門学校を卒業後、20歳で就職。一般的な給料で仕事をしていました。

Iさんは特に派手な趣味もなく、もともとお金を使うタイプではないので、給料のほとんどを貯金し、これから先のことを考えながら元気いっぱいに働いていました。

仕事も順調だと思っていた矢先、環境が一変しました。リーマンショックが発生、それまでの賞与や昇給がほぼなくなってしまったのです。会社の景気が上向く様子はなく、Iさんは将来に対する不安がどんどん大きくなり、ストレスも感じるようになりました。

――このままこの会社で頑張るか？

――別の会社へ転職するか？

――副業を始めるか？

しかし、サラリーマン気質のIさんは、会社を辞める勇気もありませんでした。そこで副業を始めました。最初はネットの株式投資やアフィリエイトなど、自分でできそうなものをいろいろとチャレンジしました。

週末になればさまざまなセミナーにも参加し、何とか不安な状態から脱出しようともがいていました。

しかし、結果はすべてダメでした。

そんな簡単には、副業で儲けることはできない現実を知りました。ただIさんは、ここであきらめませんでした。

そんな時に見つけたのが、築古戸建ての再生、賃貸事業でした。

一気に大儲けすることはないものの、ひと晩で価値がなくなることもなく、また、アパート・マンション賃貸事業と違って、自分自身でのコントロールがしやすく、それなりの広さの土地が残ることに魅力を感じたのです。

そしてIさんは、今までの貯金と週末のバイトで資金をつくり、購入額270万円、工事額150円、合計420万円を使い、大阪にある物件を購入しました。

この物件は、家賃4万5000円、表面利回り13%で、今も順調に稼働しています。

Iさんは、あの時の様子を思い出しながらこう語りました。

「物件の成功失敗の基準は人それぞれだと思いますが、自分は満足しています。

何より、初めての不動産購入をスムーズに進められ、リフォーム、客付けまでのすべての段階を自分ひとりでできるようにアドバイスしてもらえたことが、とても大きいと感じています。

金額にかかわらず、初めて物件を買う決断はとても大きいです。座学のセミナーではなく、実際の売物件を見ながら活発に意見交換することができたからこそ、自分はスタートできたのだと思います。

身近な仲間、少し先を行く先輩たちが周りにいますので、2軒目、3軒目につながるイメージもつかむことができます。これならば自分のペースで続けられると思います」

現在Iさんは、8棟を所有しています。

そんなIさんに、私はこんな質問をしてみました。

「家賃が給与を抜きましたか？」

するとKさんは、顔をクシャっと笑いながら、ごまかされました。

■家賃収入700万円でも毎月のように物件を購入する自営業大家

奈良県で自営業をしているKさんは、自分で新しい地域を開拓し、大家業としての成長を自身で実感している方の1人です。

Kさんは、空き家・古家不動産投資をする範囲を、拠点から車で1時間以内と決め、その範囲の中で新しい地域を開拓し、物件を買い増しています。

なぜKさんが不動産投資を始めたのかというと、Kさんの本業は、海外との輸入取引が主でした。そのため、円安とデフレ環境の日本では、仕事は先細りになる可能性があると考えていました。そこで以前から別収入として描いていた不動産投資でした。

しかし、始めるタイミングを見いだせないまま数年が経過したそんなある時、『空き家を買って、不動産投資で儲ける！』の本に出会いました。ここまでサポートがあるなら、やれるかもしれないと、オンライン講座を学び終えたあとすぐにプランナーの資格を取得しました。

そして、物件見学ツアーに参加し、即物件を購入しました。

またKさんは、地元でも物件を購入しようとしたのですが、物件見学ツアーが地元奈良にはなかったので、自分で物件を探しては再生士に見てもらい買付を入れ続けることにしました。


Kさんが購入する物件の場所を車で1時間以内と決めているのには理由がありました。

何かあった時にすぐ物件を見に行けるということもありますが、それよりもエリアが絞られていれば、「販売業者」「客付け賃貸業者」と顔見知りになることができ、良い物件の情報が入りやすくなるからです。また、信頼を得たら、懇意の業者から優先して客付けしてもらえると考えました。

さらに、地元なら、どのエリアが人気があるのかの判断も容易で、同じエリアなら管理会社も1つで済むという、良いことずくめです。

Kさんは現在、大阪東部から奈良北部・京都南部を「マイエリア」として活動しています。

活動結果は、次の通りです。

◎1軒目の物件（2015年12月）

東大阪市の3DK物件。近くに病院があり、看護師さん向けにリフォーム。募集後2カ月で入居。初めてだったので、再生士のアドバイス通りに進める。家賃はペット可（猫OK）にしたため相場よりも高く入居が決まる。

⬇家賃：5万8000円／表面利回り：17・4％

◎2軒目の物件（2016年2月）

1軒目が順調に決まったため、すぐに2軒目を購入。擁壁に問題があり家が傾いた物件。普通では手を出さない物件をリフォーム会社の全面サポートにより再生。家の構造、壁の構造などを知り、失敗から次回に生かせる良い経験となる。

⬇家賃：5万9000円／表面利回り：14・2％

◎3軒目の物件（2016年4月）

高級住宅街で有名な駅から徒歩10分の距離にある物件。売りに出るのはめずらしく、すぐに買付。すでに3件ほど買付が入っていたが、買付額がわかり条件を設定でき、運よく購入。しかし、賃貸化しにくい間取りであったため、ウッドデッキ調に改修工事。費用をかけすぎ利回りが下がる。

この物件で学んだ教訓は、顧客層を想定し、その顧客が満足するラインの改修工事で十分であること。ウッドデッキは新婚さんにピタッとはまり、募集開始初日に入居決定。

⬇家賃：5万5000円／表面利回り：10・8％

◎4軒目の物件（2016年9月）

1軒目が5月の連休明けから賃貸募集を開始するという、時期的には最悪の開始であったのに対し、理想的な「2月完成、3月募集開始」とするために逆算して1月までに物件を2つ買うことを検討。

融資で借りたお金が気持ちを大きくさせ、3軒目同様、近くの一等地。周りは閑静な住宅街で庭がありウッドデッキが映える家。今回は費用を抑えようと専門業者に格安で設置してもらう。しかし、家全体が古く屋根や外壁もさらに擁壁まで補修することになり、完全予算オーバー。利回り不合格が続く。

今回の教訓は、傷んだ家は安く買えるが修理費は高く、さらに見えない部分の改修工事があとで発生する可能性が高いということ。結果的には土地値が高いため、担保物件としてすぐ抵当設定をし、購入価格の2倍弱の融資を引き出すことができた。また、集客ではウッドデッキのおかげで新婚さんが決まる。

⬇家賃：5万8000円／表面利回り：11・1％

◎5軒目の物件（2016年10月）

同じ不動産会社の販売担当者の紹介で、4軒目とほぼ同じ頃に購入。この頃になると客付け賃貸業者とも、新しい物件を決めるまで何回も営業に行くので顔を覚えてもらった。前の2軒で新婚さんを紹介してもらった担当者から、改修工事の質が良いので、客付けがしやすいとのこと。近くの新たな改修工事中の物件も募集開始前に早くも客付けができてしまった。

今回の教訓は、売買の営業担当者、賃貸客付け業者とのつながりの重要性。このことから、自分の投資範囲は車で1時間以内のエリア内にしようと決める。

しかし、買値が甘かったことと浄化槽の支払い案内失敗のため、利回り不合格。

⬇家賃：5万円／表面利回り：13・1％

◎6軒目の物件（2017年1月）

東大阪市の物件。状態も良く、理想的な3月募集開始が可能だったので2週間で借手が見つかる。しかし、落とし穴が……。4月に入ってキャンセルとなる。

結果、絶妙の3月の募集期間を棒に振る。

今回学んだことは、入居は1カ月先でも良いが、契約と入金までは安心せず、ほかに希望者があれば2番手、3番手リストを持っておくこと。以降、契約が決まっても契約金が管理会社に入金されるまでは気を抜かなくなった。家賃交渉で少し下げすぎたがまずまずの結果となる。

⬇家賃：5万5000円／表面利回り：14％

◎7軒目の物件（2017年3月）

4LDK物件。過去の教訓が役立ち無難な物件を探すようになる。4LDKは修理する部屋数が多いので修理代がかさむが、家族が住むと賃貸期間が長くなる傾向がある。何より奈良では、70平米以上でかつ駐車場がなければ借り手がつきにくいマーケット。

今回はWEBで内装がきれいな状態であることが確認できたので、修理費用も安く済む。募集1カ月で名古屋からの転勤家族が入居。今回も同じ担当者が客付けしてくれた。

⬇家賃：5万7000円／表面利回り：15・2％

◎8軒目の物件（2017年6月）

再建築不可の4DK物件。場所があまり良くないのか、すでに8件も内覧があるが決まっていない。周辺の軽量鉄骨のアパート200室にビラを撒く。A4ビラ200枚。古い軽量鉄骨系のアパートより戸建てのほうが断然いいのではと思い行動。

⬇家賃：５万１０００円／想定表面利回り：18・５％

◎９軒目の物件（２０１７年８月より募集開始）

紹介してもらった東大阪市の物件。駅から１キロ以上離れて、少し坂がある。特色の少ない駅から離れた物件なので、電動アシスト自転車プレゼントで客付けアピールする予定。

⬇家賃：４万６０００円／想定表面利回り：16・７％

◎10軒目の物件（契約前）

大家力が試される物件。再建築不可で建物は未登記物件。将来、再建築可能の可能性もあるため購入。庭が広い物件だが、ブロックが２５０枚くらい庭に放置されていた。どうなるかわからないが、ウッドデッキ仕様の３号を計画中。

⬇家賃：５万円／想定表面利回り：17・１％

現在、稼働中の総家賃は６軒で年間約４００万円になったＫさん。10軒すべてに入居が決まると約660万円になります。

Kさんからは、次のようなコメントをいただきました。

「まだ駆け出しの2年目ですが、多くのことを学びました。今言えることは、売買の件数に比例して経験・知識が増えていったということです。賃貸収入のみで生活するのはまだまだ年数がかかりますが、空き家・古家不動産投資は『時間、手間、消費エネルギーが少ない』ので、会社員や自営業の方でも副業にするには最適だと思います」

もともと自営業なので法人で大家業を始めました。次のステップアップとして、大家業を拡大していくのには税の知識が必要であることを決算時に思い知りました。何が経費で、どれだけ減価償却できるのか……学ぶことはまだまだあります。

あなたの賃貸不動産を持ち腐れにしないために！……三木

あなたは、古家再生物件を所有することで満足していませんか？

購入することで頭がいっぱいで、再生して賃貸転用、そして入居者からの家賃収入を得るまでの一連の流れを忘れていませんか？

あなたの賃貸物件を空き家、空き室にしておくことは、所有者の裁量や能力そして資産価値まで低く見られてしまいます。


古家再生物件の話ではないですが、ここで大切なことをお話ししておきます。

私は収益不動産経営コンサルタントとして長年、アパート・マンションの空き室対策に関わっています。その中で典型的なのは、「半年で資産が1億円アップした」というような話です。

私が空き室だらけだったマンションをコンサルティングした時のことです。

この物件は、半分ほど空き室があったマンションを1億5000万円で購入した大家さんが、なかなか入居者が決まらず、いまだに27室中12室が空いたままになっていて、困り果てて相談に来たのです。

私は、あの手この手を使ってなんとか半年後には満室にしました。

1部屋月7万円ほどの部屋でしたので、家賃収入が月84万円アップ、年間で1000万円ほどのアップになったのです。

その後、周辺の不動産業者がその満室の物件を購入したいと言って、買付を入れてきたのです。

その額、なんと2億6000万円。

諸経費を差し引いても、半年で1億円の資産価値アップになったのです。

このように、空き室だらけの物件も満室にすれば一気に資産価値も上がります。

あなたの資産の運用力で、物件の資産価値も大きく変わるのです。

満室にする（空き室のまま放っておかない）ことは、どんな小さな物件でも必須条件です。

言い換えれば、満室で高い家賃で貸し続ける努力が必要なのです。そこがまさに不動産は投資ではなく経営だと言われる所以《ゆえん》です。

あなたの経営能力の差が、その収入や資産価値を大きく左右するということです。

大家業を始めた瞬間からあなたは企業経営者……三木

初めて入居者が決まり家賃収入が入ってくるようになると皆さん少し安心してしまいますが、実はここからが不動産賃貸経営の始まりです。

大家業は、誰でも個人で人を雇うことなく始められるため、あまり経営や商売とは考えていない人が多いですが、**明らかにこれは経営**です。

そのため、経営としての戦略と戦術を持たない人は、この競争の中で敗者になってしまいます。

不動産賃貸業は比較的シンプルな事業なので、戦略も戦術も中小零細企業向けのもので十分です。私は、このような経営に「ランチェスター経営」*をアレンジ応用して指導しています。

＊ランチェスター経営……コンサルタント・竹田陽一氏が提唱する、弱者が強者に勝つための中小零細企業のための戦略。著書に『ランチェスター経営がわかる本』（フォレスト出版）などがある。

私が考える不動産賃貸経営は、大きく分けて2つの局面があると思っています。それは**「成長拡大」と「安定」**で、この2つをバランスよく車の両輪のように同時に手を打っていくということです。

成長拡大とは、売上増大と利益拡大を目指すことで、安定とは、お客様第一主義、サブリースや家賃保証を考えることです。

たとえば、賃貸経営で売上増大と言えば、入居者を増やすか物件を増やすことになります。利益拡大なら、経費の節約、節税、家賃の値上げや別収入を増やすことになります。

安定でお客様第一主義と言えば、テナントリテンション*として入居者へのサービスを考え、より退去者を出さない施策を考えるということになります。

また、資金の安定、不安定な家賃収入を安定させるためのサブリース*などの経営委託や家賃滞納保証会社への加入なども必要です。

このような分野で、経営の局面を同時に運営する必要があります。そのため、大家業を始める人は以下のような知識を学ぶ必要があります。

＊テナントリテンション……今の入居者のために、さらに良い住環境などを提供し、さらに長く住んでもらうためにどうするかを考えること。
＊サブリース……大家が管理会社に賃貸し、管理会社が入居者に貸すこと。

- 社会経済の変化・入居者の多様化について
- 不動産投資のメリット・デメリット
- 不動産投資とライフプラン
- 不動産法規・賃貸契約・管理等の知識
- 不動産の税務・保険
- 事業計画・資金計画・ファイナンス
- 建設・リフォーム・バリューアップ
- 賃貸経営運営の実務・空室対策
- 賃貸不動産経営のためのパートナーづくり

このような知識を学び、経営していくことが大切なのです。

空き家・古家不動産投資は、不動産賃貸経営からすれば、賃貸経営の売上の増大の一分野にすぎません。

私が作成した「古家再生投資プランナー認定オンライン講座®」でも、ある程度初心者にもわかる形で体系的にまとめていますし、私が事務局を務める「喜ばれる大家の会」でも、毎月勉強会を開いて知識を学んでいます。

この本では、賃貸経営まで体系的に細かく触れることは書面に限りがあり書けませんでしたが、皆さんはぜひ知識を体系的に学ぶ志を立てておいていただければと思います。

機会があれば体系的、戦略的に不動産賃貸経営をお伝えすることができればと思っています。

「賃貸不動産を買ったら、賃貸不動産経営を学ぶ！」

ステップ5
空き家・古家
不動産投資で
資産をつくる

資産づくりの多様性から生まれた空き家・古家不動産投資……三木

前著『空き家を買って、不動産投資で儲ける！』では、「恒産なくして恒心なし」とことわざを使い、人は安定した資産を持っていないと心が安定した穏やかな状態を保てないということをお伝えしました。

なぜこのようなことを述べたのかと言えば、**人間として物心ともに豊かになることが必要**だと思ったからです。

また経済学者トマ・ピケティの『21世紀の資本論』（みすず書房）からひもとき、富を蓄積してきた富裕層になり富の格差がますます広がる仕組みもお伝えしました。あなたも日本で富を生み出す側になるには不動産投資を使う必要があるからです。

豊かになるには資産を持ち（日本では収益不動産）、それをドンドン再投資して富を膨らませて、さらにそれらを相続していく人といかない人では、ますます富の格差が拡大するのです。

そこで、あなたに目標にしてもらいたいのは、賃料収入を月100万円として、それを達成するためのさまざまな手法をお話ししました。それは「7・5・3の法則」*というもので、70代、50代、30代から始める収益不動産投資による資産形成法は、世代ごとにその投資スタイルが変わるということです。

その中で、空き家・古家再生投資を1つの手法として紹介したわけです。

ですから、あなたにとって資産づくりの観点から言えば、もっと多様な不動産による資産形成法があることは理解ください。あくまであなたが資産形成するための1つのツールが、この空き家・古家不動産投資なわけです。

そのため、どんな時でもどんな世代でもどんな人でも向いているとは限りません。

たとえば、50代からの空き家・古家再生投資だけで資産形成をするとすれば、無借金の状態で月100万円の家賃収入までいくには相当時間がかかります、その場合はある程度、融資を使ったレバレッジをかけた不動産投資も必要になります。

私はバブル崩壊時に借金で苦労しましたのであまりお勧めはしませんが、この世代は融資で時間を買うという発想で、時間の短縮のための不動産投資も必要です。

若い方なら時間も味方になりますので、ゆっくり腰を落ち着けた空き家・古家再生

＊「7・5・3の法則」……『空き家を買って、不動産投資で儲ける！』（三木章裕著、フォレスト出版）の第4章にて詳述。

不動産投資で進めていけば、リスクも少なく無借金で進めていくことができます。前作でも借金をしない不動産投資法として、「27年間で1億円の資産と月125万円の家賃収入を手にするシミュレーション」を提案しました。

今回の本では、リスクを抑えて少し融資を使って時間を短縮するシミュレーションを紹介します（275ページ参照）。

このように、あなたの最終目的は、資産をつくって豊かで幸せに暮らすことです。そうした人生設計の中で、どのように不動産投資を活用するかということで、そうした理由から、前著は不動産投資のノウハウ本ではなかったのです。

私は不動産投資で大儲けして大成功しましょうとは奨励しませんでした。

私は不動産投資にのめり込んで不幸になってしまった方をたくさん見てきました。規模が増えればそれだけ、「手間暇」「悩み」「リスク」、場合によれば「相続トラブル」も比例して増えます。

結果的に、あなたの時間的自由は奪われてしまいます。

不動産投資をしすぎて旅行にも出かけられないという状況になれば本末転倒ではな

いですか？　どこに向かって何を叶えるかを明確にしないと、あなたの人生はどこに向かっているのかわかりません。

私があなたに目指してほしいと思うのは、**老後になっても悠々自適な生活で、好きなようにお金や時間が使える、ワクワクした生活を送ることのできる「経済的自由」**だと思っています。

そういったことを念頭に、この最後のステップでは、あなたが豊かな大家さんになれるポイントを解説していきます。

資産づくりで経済的に自立する……三木

大阪商人気質の中に、「お上に頼らない」という考え方があります。

大阪商人は、日本三大商人と言われる中で唯一、店を構えて商売をしました。そのため保険もない時代から、歴史的に何度も火災や戦争に巻き込まれて壊滅的な被害を受けながらも、彼らは自らの蓄えを惜しみなく投げ打って街を再興させてきました。

火災が起きれば、家もお店も家族も仕事も収入もすべて失う可能性がありました。そのため、いつの時代にも始末してコツコツ種銭を貯めて、それを投資しながら資産形成も行い、いざとなった時に備えてきました。

また、大阪は政治にも翻弄《ほんろう》されてきました。

織田信長の時代には、石山本願寺*との争いで大坂の町も焼けました。豊臣氏の末期には、大坂の陣で徳川家康に焼き討ちされました。また、第2次世界大戦でも大阪は空襲で焼け野原にされました。

そのつど、大阪商人はどんな逆境でもしっかり蓄財して、私財を投げ打って再興のために尽力しました。


また、大阪では八百八橋と言われるほどたくさんの橋がありますが、そのほとんどが民間によってつくられました。まさに民間でインフラを整えていきました。

有名なところでは淀屋*の淀屋橋で、地名にもなっています。

余談になりますが、通天閣も戦後になって焼けてしまったものを、地元商店会で復

＊石山本願寺……石山合戦。1570年からほぼ10年にわたった浄土真宗本願寺勢力と織田信長の戦い。
＊淀屋……江戸時代の豪商。「天下の台所」と呼ばれるようになった全国の米相場の基準となる米市を設立。そのほか、さまざまな事業を手がけ莫大な富を築く。

興しようと尽力しています。あの規模のものを民間で再興しようとしたわけですから、大阪商人にはすごい気概がありました。しかしこれは、地元商店会だけの寄付ではまかなえず、当時大阪進出を考えていた日立グループの支援を受けて再興に至りました。そのため、今でも通天閣には日立グループの看板がついています。

ほかにも、中之島の公会堂や図書館は、みな民間の寄付でできています。

大阪はまさに民間主導で町をつくってきたのです。

このように歴史的に政治や戦争などに翻弄されたことから、大阪商人は政治をあてにしない、「お上に頼らない！」という気質が身についてきました。

こうした歴史の情勢は、今の政治にも同じことが言えないでしょうか？

長年積み立ててきた年金の基金は失われ、そのつけは国民の年金の削減や増税でまかなわれているようになっています。

あなたも同様、**お上に頼っていたらどうなるかわからない時代**です。

だからこそ、大阪商人のように〝始末〟して蓄財をし、もしもの時のために自ら備える必要が出てきています。つまり、国に頼らない経済的自立の時期を迎えているのです。では、経済的自立に必要な不動産投資の考え方とは何でしょうか？　それは次のようなメッセージです。

借金のない賃貸経営を目指そう！

古くからの大家さんは、よく「借金を全部支払って、初めて自分のものになるんや！」と言います。

誰にも（金融機関などに）干渉されず、収入も支出も自分ですべてコントロールできる賃貸経営を目指していきましょう。自らの手腕により自立を勝ち取っていくことが大切なのです。

経営者こそ空き家・古家不動産投資で資産をつくろう……大熊

全古協の空き家・古家不動産投資は、初心者が誰でもやればできる仕組みをつくっています。そして、2、3軒の空き家・古家再生を経験すれば、かなりの不動産（大家業）のノウハウができるので、その後、1棟アパートや1棟マンション投資に拡大する方も多くなっていくだろうと考えていました。

しかし、現在は不動産市況の影響もあり、空き家・古家不動産投資をドンドン続けていく方が多いようです。

現在、全古協の会員で一番多くの空き家・古家購入者は、18軒です。その方は脱サラして大家業を専業にしています。最初は大阪で、次は京都でドンドン古家再生投資をしています。管理も自分でやっています。

次に10軒ほどの所有者が5名います。だいたい1年半ぐらいで10棟の所有ですので、すごいペースです。3人のうちの2人は50代中小企業経営者、もう1人はサラリーマンです。

■本格的に空き家・古家不動産投資を決意した経営者Aさん

Aさんは経営者で、最初はテラス物件から始めて、大阪の東大阪市・大東市・守口市と増やしていきました。

話を聞くと、「1棟ものやマンション投資も考えましたが、やはり空き家・古家不動産投資が一番リスクが少ないという答えにいき着きました。今のところ、この空き家・古家投資を続けます」と返事が返ってきました。

たしかに、現在高騰する不動産市況では、これ以上の良い条件の物件は見つかりません。Aさんも実際に体験したからこその言葉なのでしょう。

そして、不動産の実績（個人なら確定申告・法人なら決算）を積んでおけば、いざ不動産市況が変わった時に大きな投資もできます。不動産は長期戦なので、それくらいのことを考えてもいいでしょう。

私自身も4つの会社で空き家・古家不動産投資をしていますが、一部社員にも貸し出しています。また、倉庫として使っていたりと、いろいろな活用をしています。今後は外国人研修用に活用するのもいいのではと思っています。

サラリーマン大家をするなら融資を活用する……大熊

Bさんはサラリーマンで、将来の社会保障の不安から不動産を始めました。株式投資をしていたので投資に対してはハードルが低かったようです。空き家・古家再生に限らず、不動産投資をする場合、株やFXなどをやっている人は投資する判断が早い。資産のシミュレーションができるのでしょう。

そして、面白いもので株が上がり始めると、「株で儲けた分で現物の不動産投資に変える」という人が増えます。株が下がると、「もう株はやりたくない。安定している不動産投資に切り替えたい」と、結局どちらでも、不動産投資をする人が増えます。

Bさんは3回目の物件見学ツアーで買付を入れるようになり、物件見学ツアーと臨時の買付ツアーにも参加して所有物件を増やしていっています。中には、利回り20%を超えるものもあります。平均利回りも15%以上です。

多くの方が2棟目からは融資を考えて増やしています。

日本政策金融公庫や信用金庫などを利用して手出しを少なくすることを考えています。それに利回りが高い分、家賃を貯めていくと、結構早い段階で次の物件資金になります。あとは、ひたすら物件を探すことになります。

全古協の物件見学ツアー、臨時の物件情報や一般的な不動産情報から今までの経験と全古協のサービスを利用して探し当てます。あとは、判断するスピードを高めるだけです。

融資についてのアドバイス……大熊

私のアドバイスは、**できれば1軒目は現金で買って、2軒目以降は融資でもOKと**いうことです。なぜならば、1軒目を現金で買っていれば2軒目以降で万が一、家賃が入らなくても1軒目の家賃で補えるからです。ほとんどリスクはないと言ってもいいでしょう。

もう1つは**リフォームローン**です。それなら手出しがあるのでリスクは低くなります。個人属性があるので、それぞれリスクを考えて計画的にするなど、どのパターンでも大丈夫です。

最近、融資についての問い合わせが多いのも事実です。「古家だから借りられないですよね？」「担保に入らないから難しいですよね？」「対応年数が過ぎているから厳しいですよね？」などなど……。

基本的には、対応年数が過ぎているので融資はできません。しかし、個人の属性を使った融資であったり、大家業の実績でも融資が可能な時があります。それでも、都銀や地銀は難しいかもしれませんので、信用金庫と日本政策金融公庫になります。

大切なことは紹介で行くことです。お金を貸す場合、知らない人には基本的に貸しません。だから、誰かの紹介での訪問がベストです。

先日（２０１７年６月）、全古協が政策公庫に紹介したプランナー会員の方に国民政策金融公庫を紹介し融資を得られました。

条件は、「返済期間14年、固定金利１・９％、無担保」、別の方は「返済期間11年、固定金利２・１％、無担保」というように、信用金庫でも借りることができます。金利は、だいたい２～３％のようです。

たしかに、金融機関も不動産に対する融資は厳しくなると言っております。しかし、それは数千万、億単位の話です。私たちが購入する物件はせいぜい500万円くらいです。その辺りなら金融機関もリスクが少なく貸し出しやすいのです。

もう1つ多く使われている融資は、空き家活用ローンです。

地銀数行で扱っている商品ですが、物件取得費は出ないもののリフォームに対する融資は500万円まで可能です。返済期間10年で約2・0%の金利です（銀行によって違います）。

物件価格が安くリフォーム費用が多くかかる物件ではお得です。

法人の設立について

「どれくらいの家賃になったら、法人にしたらいいのですか？」という質問をよく受けます。

私の答えは、**「あなたの目標はどこですか？」**ということです。

2、3軒の家賃で満足なら法人をつくる必要はありません。しかし、1000万円の家賃収入を達成したいなら、1軒目から法人にするほうが賢明です。

家賃収入は、個人であれば所得にプラスされ、所得税が上がってしまいます。国の政策も所得税は上がる傾向にあります。しかし、法人税は下がる方向にあるのです。

そのことを考えながら、自分はどれくらいの家賃収入になってどれくらいの税金になるなどのシミュレーションをしてください。

もう1つ、法人をつくると有利なのは融資がしやすくなります。

やはり個人より法人税を支払っているほうが信用があります（赤字ではダメですが）。最低でも2期以上の決算を迎えて、黒字であれば信頼は高くなります。それと相談できる税理士さんをつくっておくことも大切です。

融資を使った古家再生物件のシミュレーション……三木

私は前著で、融資を使わず無借金で資産をつくる方法を書きました。「27年間で1億円の資産と月125万円の家賃収入を手にするシミュレーション」というものです。

しかし、資金がなくても始めたいという人もいるでしょう。

その場合、多く使われるのは日本政策金融公庫による融資です。

一般的に築年数が古い物件は、民間金融機関の融資対象から外れてしまいます。

それは木造の場合、築22年（税務上の法定耐用年数）を超えると一般的には融資対象にならないからです。

現在、日本政策金融公庫を利用する場合は「不動産貸付業」で利用できる「普通貸付」の限度額は4800万円というのがありますので、資金を融資してもらいたい場合は、この融資を使います。

この融資を利用して7棟（1棟400万円）、融資総額予算としては2800万円分を一気に買います。

融資2800万円　10年返済　金利1・8％（有担保）
　　　　　　　　　　　　金利2・15％（無担保）
月々の返済額　約22万5000円～26万円
月々の家賃収入　（1棟平均4万円として）7棟で28万円

（１棟平均５万円として）７棟で35万円

以上のシミュレーションを考えて、とにかく最初の10年は家賃収入から頑張って返済をしていきます。そうすると、月の返済からも２～９万円の返済余裕が出ますが、それはあくまで空き室などに備えて貯めておきます。

返済期間を10年にすると、返済が終わる10年後からは年間４００万円以上の家賃収入がありますので、その後１棟ずつ買えるだけのお金が貯まります（ここまでで返済を終えれば１人分の年収並みになります）。

年収１０００万円程度なら融資を使うパターンで17～18年半目には冒頭の目標が達成できるというわけです。

また、その家賃を貯めていけば、毎年１～２棟は買えるようになります。そうすると、冒頭のシミュレーションよりも６年短縮できます（２７８～２７９ページ参照）。

そうすると、**20～22年ぐらいで１億円の資産と月１２５万円の家賃収入**が手に入ります。前著のシミュレーションよりは５～６年短縮できます。

融資を使って21年で１億円の資産と月125万円の家賃を手にするシミュレーション

（※借入がなければ16年。
融資を使って一気に購入
６年短縮）

経過年数	棟数	家　賃	年　収	資産総額
10	7	350,000	4,200,000	28,000,000
11	8	400,000	4,800,000	32,000,000
12	9	450,000	5,400,000	36,000,000
13	10	500,000	6,000,000	40,000,000
14	11	550,000	6,600,000	44,000,000
15	13	650,000	7,800,000	52,000,000
16	14	700,000	8,400,000	56,000,000
17	16	800,000	9,600,000	64,000,000
18	18	900,000	10,800,000	72,000,000
19	20	1,000,000	12,000,000	80,000,000
20	23	1,150,000	13,800,000	92,000,000
21	25	1,250,000	15,000,000	100,000,000

27年間で1億円の資産と月125万円の家賃収入を手にするシミュレーション

年齢	購入月	棟数	家賃計	資産計	経過日数
35歳	1月	1棟	5万円	400万円	0カ月
41歳	9月	2棟	10万円	800万円	81カ月
45歳	2月	3棟	15万円	1200万円	41カ月
47歳	6月	4棟	20万円	1600万円	28カ月
49歳	3月	5棟	25万円	2000万円	21カ月
50歳	8月	6棟	30万円	2400万円	17カ月
51歳	11月	7棟	35万円	2800万円	15カ月
52歳	12月	8棟	40万円	3200万円	13カ月
53歳	11月	9棟	45万円	3600万円	11カ月
54歳	9月	10棟	50万円	4000万円	10カ月
55歳	6月	11棟	55万円	4400万円	9カ月
56歳	3月	12棟	60万円	4800万円	9カ月
56歳	11月	13棟	65万円	5200万円	8カ月
57歳	7月	14棟	70万円	5600万円	8カ月
58歳	2月	15棟	75万円	6000万円	7カ月
58歳	9月	16棟	80万円	6400万円	7カ月
59歳	3月	17棟	85万円	6800万円	6カ月
59歳	9月	18棟	90万円	7200万円	6カ月
60歳	3月	19棟	95万円	7600万円	6カ月
60歳	9月	20棟	100万円	8000万円	6カ月
61歳	2月	21棟	105万円	8400万円	5カ月
61歳	7月	22棟	110万円	8800万円	5カ月
61歳	12月	23棟	115万円	9200万円	5カ月
62歳	5月	24棟	120万円	9600万円	5カ月
62歳	**10月**	**25棟**	**125万円**	**1億円**	**5カ月**

※

（出典：『空き家を買って、不動産投資で儲ける！』）

ということは、本来50代の方が無借金で始めた場合、80代にならないと無借金経営にはなりませんが、これだと70代には無借金経営ができるようになります。50~60代の10年間は大変ですが、これなら70代、私の言う「7・5・3の法則」の通り老後は余裕のある生活ができます。

また、子供たちも独立して家を持っているなら、この際、小さな古家に引っ越して、その売却資金も空き家・古家投資に投入すればますます加速されるでしょう。

私はバブル期に金融機関に痛い目にあっていますので、あまり融資に頼るのはどうかと思う部分もありましたので、これまでこの手法は紹介しませんでした。

また別に融資と言えば、従来は自宅しか使えなかったリフォームローンが低金利、長期（10年）で賃貸住宅でも受けられるところが出てきましたので、土地は現金で、リフォームは融資でというハイブリッドな方法も可能になってきました。融資を投資として気にしない方なら、この方法のほうが早いのです。

これを資産づくりの視点から見ると、1億円の資産をつくるのに無借金でやると27年で達成、融資を併用すると21年で達成することになります。

もしこれを普通の貯金で1億円の預金をつくるなら、毎月10万円積み立てて84年もかかるのです。35歳から貯め始めて120歳で1億円貯まる計算です（現在のほぼ金利がつかない状況として）。

どうですか？

空き家・古家不動産投資をして資産づくりをしたほうが、はるかに効率よく達成できることがわかるはずです、**まさに稼ぐ力より資産をつくる力**なのです。

資産づくりの頭は「消費者」から「投資者」へ……三木

先ほども述べたように、あなたの目的はどんな時にも揺るぎない資産をつくることです。その中で前著『空き家を買って、不動産投資で儲ける！』でも書きましたが、資産づくりの目標として、老後も夫婦共々元気で、子供さんやお孫さんに頼らない、迷惑をかけないレベルの投資を考える必要があります。

そうすると、空き家・古家不動産投資では月１００万円の家賃を無借金で、70代からは使えるようにして、そのお金を生活費にあてるようにします。そして、**収入の一部30％ほどは不動産のメンテナンス用に残しておく**ことが必要です。

私の周りの大家さんの中には家賃をすべて使ってしまって、いざとなったら修繕費用がないという方もいます。物件を修繕することにお金をかけられませんので、物件が空いた際の入居者が決まらずジリ貧になってしまいます。

つまり、賃貸経営として成り立たない状況になってしまうのです。

これでは、老後の資産づくりという観点から言えば、空いた物件は重荷になってしまうだけです。ですから、メンテナンス費用は残すようにしてください。

空き家・古家を再生投資する中でも、相続物件もなく、１棟目からすべて購入していかなければならない人の場合、理想を言ってしまえば1棟目くらいは現金で買ってほしいと思います。

その場合は、１棟目の購入＋リフォーム代に４００万円ほどの資金がかかると思います。しかし、空き家・古家不動産投資をするうえで1棟目を買うお金も貯められない人は、大阪商人がやってきたように、「始末して蓄財する」という第1段階がクリアできていません。

実際には、資金のない人でも買えるという話はしていますが、投資家気質としては本来未熟です。

私はセミナーなどでお伝えしていますが、思考回路を変換してもらうために「消費者」から「投資者」へ、ぜひとも頭を切り替えてほしいのです。

お金を生む投資のために借金をするのは悪いことではありませんが、贅沢三昧《ぜいたくざんまい》にお金を使うことは、クライアントの方には諫《いさ》めています。「宵越しの金は持たない」の発想では生涯資産はできませんし、稼げなくなったら破綻まっしぐらになります。

資産形成という視点から、あなたには投資家として目覚めてほしいと思っています。

■やると決めて12棟購入！ 気づけば家賃収入の総額が年間約2000万円

ある中小零細企業の経営者Sさんのお話です。

Sさんは最初、戸建ての不動産投資から始めました。そして今では、アパートを3棟購入し、すごいスピードで進化している方です。

そもそもSさんが不動産投資を始めた理由は、売上の安定化が目的でした。Sさんは中小零細企業の経営者で、会社は下請け業。日々悩んでいた時に、インターネットで全古協のことを知りました。そして、すぐに説明会に参加しました。「これはいける！」と確信し、すぐにオンライン講座に申し込み、早々にプランナーに認定されました。

Sさんはものすごく積極的、かつスピーディーでした。物件見学ツアー後、さっそく最初の物件を購入。その後も物件見学ツアーに参加しては物件を購入していきました。

数件購入すると信用もできます。そうなると不動産業者から物件情報がドンドン送られてくるようになります。その情報をもとに再生士と一緒に現地調査を進めながらどんどん物件を買い続けました。

◎1棟目の物件

大阪大東市にあるテラス物件。高齢な地主の方が海外旅行に行きたいから売却したいとのこと。母子家庭の方が募集2週間で入居が決まり、家賃相場が4万円のところ4万7000円での入居。入居の理由は、現在住んでいるマンションの家賃を減らすためとのこと。

⬇家賃：4万7000円／表面利回り：15％

◎2軒目の物件

東大阪市の10坪ほどの相続物件。生活保護の方が募集1カ月で入居。

⬇家賃：5万5000円／表面利回り：15％。

◎3軒目の物件

東大阪市の駐車場付きの3階建て5LDK。7人家族で自営業の方が募集3カ月で入居。

⬇家賃：6万3000円／表面利回り：17％

◎4軒目の物件

大阪市内の借地のテラス物件。業者から直接、相続物件の情報をもらい購入。募集2カ月で入居。工事費をかけすぎて利回りは見込みよりダウン。

⬇表面利回り：16％

◎5軒目の物件

大阪市内のテラス物件。近所の身内の方が住むからと工事途中に入居者が確定。

⬇表面利回り：17％

◎6軒目の物件

大阪門真市のもとはテラス物件（切り離し）。募集3カ月が経過したが入居者が付かず、ペット可にして再募集し2週間で入居。

⬇表面利回り：13％

◎7軒目の物件

大阪大東市のテラス物件。きれいな物件だったため、表面リフォームと飾り付けをして募集し約2週間で入居。

⬇表面利回り：15%

◎8軒目の物件

埼玉県の物件。トイレが汲み取り式だったが、募集3カ月で入居。

⬇表面利回り：15%

◎9軒目の物件

兵庫県神戸市長田区の5戸の木造3階建てアパート1棟。半分以上空き室だったが、募集後3カ月で満室。

⬇表面利回り：27%

◎10軒目の物件

大阪大東市の物件。3DKを2LDKに変更し外壁も塗装。募集1カ月で入居。

駅に近い物件ではなかったので、利回りは少し低い。

⬇表面利回り：13％

◎11軒目の物件

京都にある16戸の木造2階建てアパート1棟。駅に近い満室の1Rマンションをオーナーチェンジ。入居者が翌月に半分になるが、差別化リフォームと入居付けの努力で再募集後3カ月で満室。

⬇表面利回り：13％

◎12軒目の物件

東大阪市の8戸の軽量鉄骨アパート1棟。近隣には少ない間取りで競争力があると考え購入。土地が800㎡と大きいが対応年数が残っている状態。利回りは低いが、空き室が出てもすぐに入居が決まる物件。

⬇表面利回り：8％

このように、気がつけばSさんは、家賃収入の総額が約2000万円／年になっていました。

その後、「自己資本比率も考えて売却もしていますが、アパート・マンションはもう少し市況が変わらないと購入は難しいので、今のところ戸建てを増やしていきたいと考えています」と聞いています。

現在は、全古協から紹介した司法書士、税理士を活用し、法人化、決算を行っています。また、融資も全古協から日本政策金融公庫と地方銀行、信用金庫を紹介しました。

そんなSさんから、次のコメントをいただきました。

「チームで大家業をしているからこそ、自信を持ってここまでできたと思っています。そして、空き家・古家不動産投資は、購入すればするほどノウハウがたまり、大家業として成長しているのが実感できます。失敗したと思っても自分で何とかできる範囲が大きいのがいいですね。それがまた自信につながっています」

不安で仕方がなかった日々が一転した
空き家・古家不動産投資……大熊

私は、ドラマ『下町ロケット』（2015年TBSにて放送）で知名度が増した、大阪府東大阪市の小さな町工場の経営者です。従業員は20名程度で、主に自動車部品・機械部品・家電製品などに色を塗る塗装工場を経営しています。

仕事はすべて下請けです。お客様が商品をつくらないかぎり、塗装の仕事は発生しません。「来月は仕事があるのか?」「来年は大丈夫なのか?」「このままずっと従業員を守れるのか?」など、いつも不安な気持ちでいっぱいでした。

そんな私が、空き家・古家不動産投資に出会ったのは44歳の時です。

現在、空き家問題は深刻化し、さまざまなメディアでも伝えられるようになりました。その空き家・古家を賃貸物件に変え、わずか4年で数十戸の大家となり、資産1億円、家賃収入1500万円（平均利回り15%）を大家業として得ています。

なぜ、4年間でそれほどまで資産を増やすことができたのか。

それは大家業が安定した事業だからです。

私は、この空き家を活用する方法を、自分自身が経験し、実際に大家業として業をなしていることから、事業を普及させるために、また空き家を活用するためにノウハウを体系化し、仕組み化をしました。

それが、「国の空き家をなくす」という理念のもとに設立（2014年7月）した一般社団法人全国古家再生推進協議会です。

現在、当協議会の会員数は1500名を超え、空き家を活用するためのノウハウを習得するための「古家再生投資プランナー®認定オンライン講座」の受講者も350名を超えました。そして、全古協で学び、実際に大家さんになった方も150名を超えました。

全古協も仕組みの1つとして、会員の方へは定期的に全古協で入手した空き家・古家の情報を提供しています。結果、空き家・古家を再生した実績戸数も現在までに350戸を超えました。

これは、4方良し（①大家〈投資家〉、②入居者、③工務店〈古家再生士®〉、④地域）のビジネスモデルだからです。また、このビジネスモデルは、2016年に「関西ＩＴ百選」という権威ある団体から優秀賞をいただきました。

今でこそ空き家・古家不動産投資が認知されてきましたが、以前の私は、「不動産は怖いもの」「誰かにだまされるもの」「数千万円の大金が必要なもの」という疑念と固定概念があり、まったく関わることがありませんでした。

でも、実際に不動産投資をやってみると、前述した固定概念は消え去りました。ちゃんと家賃収入を得ることができたし、現在も継続して得ることができています。

何より実際に体験したことで、**「家賃収入以外の多くのもの」**も得ることができました。それは、不動産に関わらない人はいない、生活をするにも事業をするにも必ず不動産が関わっているということです。

そういった意味で、不動産の知識を得ることは、生きるうえでの大きなアドバンテージになりました。

そこから得たことを、一中小企業の経営者として、特に経営者の方へメッセージという形で贈りたいと思います。

●経営者の方、また経営者を目指す方へ

不動産投資は、経営者として道を切り開くために必要な「資産形成、たくさんの異業種の仲間、経理感覚（BS）」のすべてを手に入れることができます。

以前の私は、汗水たらして日々の利益をコツコツ貯めていくのが会社経営だと思っていました。でもある時、我々のような零細企業と強い会社とは何が違うのだろうという疑問を抱いたのです。その時に、私は経営者仲間を通じていろいろな人の話を聞き、さまざまな会社を調査しました。

その結果、ある1つの答えを導き出しました。

それは、**強い会社は資産を持っていて不景気に強い体質**をつくっている。そして、その**資産は不動産が多い**ということです。

私たちのような弱小企業は、不景気になると仕事を受注したいがために（収入を得たいため）値下げをします。しかし、強い会社は不景気になっても過度な値下げはあまり行いません。

それは家賃収入があるからです。この家賃収入があることによって、状況に惑わされず、これからどうしていくのかということに目を向けることができ、従業員の教育

や設備などに投資し準備をしているのです。

そして、景気が良くなると業績がどんどん伸びていきます。準備をしなかった企業とはまったく伸び率が違うのです。

この準備ができなければ、弱小企業はいつまでたっても弱小企業のままです。私の中でこの答えが出た時に、フランスの経済学者、トマ・ピケティが論文を発表しました。そこには、汗水たらして働くよりも資産で稼ぐほうが効率が良いと書かれていたのです。すごく共感しました。

ただ間違えて解釈してはいけません。日々を適当に過ごし、働かなくて良いというわけではありません。目の前のことと将来のこと（資産形成）は同時にやらないといけないのです。

しっかり稼いでから資産形成をするという考えでは、企業の成長にはつながらないのです。稼いだものをすぐに将来のための投資（将来の種）に回さなければいけないということです。

不動産投資は資産形成だけではなく、さまざまな人と出会うことができます。

私は、製造業の経営者だったので、仲間の多くもほとんどが製造業関係者で、同じ目的を持った異業種の経営者、サラリーマン、ましてや主婦の方たちと出会うことは絶対にありませんでした。

でも不動産投資を始めたことにより、資産形成という同じ目的を持っているいろいろな人と出会うことができました。

結果、仲間を通じて新たな発想やアイデアが生まれ、新たなビジネスが生まれました。現在私は、塗装業だけではなく、さまざまな業種5社の経営を行い、グループ全体では2倍以上の規模になりました。そして、念願の下請け脱却・全国展開もできました。

不動産投資をするうえで大切なのは利回りです。

これは投資効率の考え方です。私も製造業の経営者なので設備投資はしてきました。しかし、今までは利回りという考え方ではなかったのです。

投資の目的は、コストダウンのため、生産効率を上げるためでした。いわゆるＰＬで物事を考えていました。これが不動産投資を始めたことで、ＢＳでも考えるようになったのです。

数字に対しての考え方、見方が大きく変わりました。この考え方、見方をもっと早くからしていればと今では思っています。

以上、ここまで述べたように、私は空き家・古家不動産投資を通じて、経営者として成長を遂げることができました。また、不動産の知識だけではなく、相続や政治・社会の仕組みなど、その他多くを学ぶことができました。

私が経営者として不動産投資を始めて一番強く思ったこと。それは「もっと早くから始めていれば良かった」です。

この本を読んでいただいている経営者の皆様。特に、以前の私のような町工場のような下請け弱小企業の経営者には、少しでも早く不動産投資の良さを理解していただければと思います。

日々汗水たらして働くことと資産形成を同時に行うことが輝かしい将来につながります。今の時代、1つの仕事、1つの事業だけではなく複数のことを同時にこなすことが複数の財布を持つことになります。

この本が、そのヒントになれば幸いです。

おわりに……三木

この本をお読みになられていかがでしたか？

昔から商売では5つの収入の柱があれば安定すると言われています。

これからの時代、個人でも複数の収入源をつくらなければ生きていくのに大変な時を迎えると思っています。

私が子供の頃、社会の授業で習ったのは、「日本の目覚ましい経済発展は、終身雇用制と年功序列だ」と日本的経営の成果を讃えていました。

しかし今や、そのどちらも崩壊しています。生涯1つの会社に忠誠を尽くして働き、老後は年金で一生安泰なんていう生活は幻想となりました。

つまり、昔の大阪商人のように「お上に頼らない」生き方に転換する時がやってきたのです。

私はあなたがこのように生きるためには、少なくとも個人でも3つの収入の柱をつくる必要があると考えています。

一．労働賃金収入
一．自宅でもできるＩＴビジネス
一．不動産収入

これからのグローバルな時代、労働賃金は上がるどころか、世界の労働力に対抗していけば、低下していくことは間違いありません。やはり、労働賃金だけで豊かで幸せな暮らしをするのは難しいのです。
そのためにも、それを補完する収入が必要になってきます。

ＩＴビジネスは、ＰＣ（タブレット）ひとつで収入を生み出す仕組みです。最近の発展で、ＩＴ機器も安価で購入できるようになり、さまざまな業界に個人でも参入しやすくなっています。あなたの趣味の一品が、ほとんど手間やお金がかからずに日本中、世界中で紹介できて販売できる時代になりました。

ぜひＩＴを勉強して取り入れてほしいと思います。

しかし、ＩＴビジネスは、寿命が短く、今日流行っていたものが明日には終わっているという変化の激しい世界です。いつも同じものを、同じ方法で稼げるものではありません。変化への対応力が要求されます。


そのような中で、不動産収入は時代の変化の中でも緩やかなビジネスモデルです。住まいや店舗を人に貸して賃料をもらうパターンは、ほとんど時代が変化しても変わりません。このあまり大きな変化に晒《さら》されない収入源（ビジネスモデル）も持っていないと不安定な収益構造になります。

また住まいを扱うということは、社会的な意義もあります。

空き家や古家の再生は、資源の再利用からエコロジーであり、また低コストで再生することで、低家賃で貸すことができます。そのため、一般に住宅を確保することが難しい高齢者、低額所得者、子育て世帯、外国人などにも住まいを提供する社会貢献にもなります。

社会貢献しながら儲けられるビジネスは、とても社会に深く関わり、多くの人々に影響を与える意義のあるビジネスモデルです。

ぜひあなたには、社会に貢献して収入を確保できる空き家・古家不動産投資ビジネスを1つの柱に持ってもらいたいと願っています。


さてこの本は、何百という体験者のエッセンスが詰まった、まさに実践体験の書です。あなたもこの本を読んで実践していただければ、経済的自立の1つの柱を提供できたのではないかと思っています。

今の経済状況の中で、どのように戦っていくかというツールが必要な時代です。

かつての織田信長の時代は、それが鉄砲でした。そして、鉄砲がそれまでの戦い方に革命を起こしました。

そして、今の時代を戦い抜くツール（武器）こそが、空き家・古家不動産投資だと確信しています。あなたも空き家・古家不動産投資を強力な資産をつくるツールとしてご利用ください。

あなたが誰かに依存することもなく、お上に頼らず、経済的自由と自立を享受できることをお祈りしています。

最後にあなたに、この言葉を贈ります。

知行合一《ちこうごういつ》

これは中国の陽明学の言葉です。

「知って行わないのは、未だに知らないことと同じである」

知識は実践することが大切だという言葉です。

陽明学は幕末の時代、吉田松陰や高杉晋作、西郷隆盛などが影響を受けた学問です。

あなたも時代を動かす、豊かで幸せな志士（仲間）になってもらえれば幸いです。


最後の最後に、この本の出版に関わっていただいたフォレスト出版の皆様、記事やお話を提供いただいた皆様、ありがとうございました。

また日々、陰日なたから支えてくれている妻や子供たち、苦労をかけている父にも感謝しています。

〈著者プロフィール〉

三木章裕（みき・あきひろ）

収益不動産経営コンサルタント、大家業。「不動産を富動産」に変える資産づくりの専門家。現在、大阪で親子２代にわたり大家業、不動産業を営む。また、一般社団法人全国古家再生推進協議会顧問、一般財団法人日本不動産コミュニティー講師なども務める。

1962年生まれ、大阪出身。清風高等学校卒、甲南大学経営学部卒、大阪学院大学大学院商学研究科卒。NHK連続テレビ小説「あさが来た」でも注目された大阪商人として、500年の歴史の中で磨き上げられた精神といにしえの蓄財術を引き継ぐ。

バブル崩壊でほとんどの資産を失うが、大阪商人の蓄財術で復活。光の部分だけではなく影の部分も嫌というほど見てきた経験から、確実に資産を形成していく方法を指導している。これまで指導してきた資産形成額は300億円以上にのぼる。

全国の資産家やサラリーマンからの依頼で講演や相談を受けているほか、近年では社会問題化している空き家を再生し、高利回り物件として提供する不動産投資を推進し、全国各地を飛び回っている。

著書に『空き家を買って、不動産投資で儲ける！』（フォレスト出版）、共著書に『金持ち大家さんがこっそり実践している「空室対策のすごい技」』（日本実業出版社）がある。

◆ 大阪笑人ホームページ　http://www.osakashounin.com

大熊重之（おおくま・しげゆき）

一般社団法人全国古家再生推進協議会理事長、一般財団法人日本不動産コミュニティー講師、株式会社オークマ工塗代表取締役、オークマグループCEO。

1966年生まれ。町工場が密集する東大阪市で、父親から引き継いだ部品塗装の会社を引き継ぐも、下請けから脱却できない不安を抱える。そんな時、空き家・古家不動産投資を知り実践、資産を築く。同時に、周辺の中小零細企業の経営者も収入源と将来の不安に悩まされていることに疑問を感じ、空き家・古家不動産投資で別の収入源をつくることを提案し協議会を立ち上げる。

現在では、会社経営のほか、自らも大家業をしながら現在までに350棟以上の古家再生をし、中小企業経営者、サラリーマン、主婦まで多くの大家を生み出している。

◆ 一般社団法人全国古家再生推進協議会ホームページ　http://zenko-kyo.or.jp/

〈装丁〉Panix（中西啓一）
〈DTP・図版作成〉沖浦康彦

儲かる！ 空き家・古家不動産投資入門

2017年 9 月 1 日　初版発行
2020年 1 月24日　3 刷発行

著　者　三木章裕　大熊重之
発行者　太田　宏
発行所　フォレスト出版株式会社
〒162-0824 東京都新宿区揚場町2-18　白宝ビル5F
電話　03-5229-5750（営業）
　　　03-5229-5757（編集）
URL　http://www.forestpub.co.jp

印刷・製本　日経印刷株式会社

ISBN978-4-89451-768-4　Printed in Japan